A cura di
Duccio Demetrio - Sonia Bello

Una nuova identità docente

Come eravamo, come siamo

Ricerca sulle autobiografie professionali degli insegnanti modenesi

scritti di: Alda Baldaccini, Adriana Barbolini, Bianca Bianchi,
Gianna Niccolai, Anna Maria Pedretti, Daniela Stanzani

MURSIA

Collana *Insegnare oltre il 2000 – Idee e strumenti per la didattica*
Direttore: *Walter Moro*

Questa Collana, in un momento che vede la scuola attraversata da profonde trasformazioni strutturali e culturali, si configura come strumento: per aggiornare gli insegnanti sulle innovazioni; di aiuto e sostegno al lavoro fornendo indicazioni e proposte concrete; di circolarità della documentazione e delle esperienze realizzate; di ricerca e di sperimentazione per attivare progetti e interventi formativi.

Progetto grafico della copertina: Massimo Palazzolo

Il nostro indirizzo Internet è: http://www.mursia.com

5142/AC - Gruppo Ugo Mursia Editore S.p.A. - Via Tadino, 29 - Milano
Stampato dal Consorzio Artigiano «L.V.G.» - Azzate (Varese)

Anno	Ristampa
03 02 01 00	1 2 3 4

SOMMARIO

Ringraziamenti 3

Introduzione. Biografie professionali nella scuola 5
1. Gli scopi e il senso (di Duccio Demetrio), 5. *2. Il percorso (di Sonia Bella),* 9.

1. La passione di formare: lettura e analisi delle storie 15
Prima Parte: Alle origini: ricordi, emozioni, difficoltà
1. I ricordi del primo anno di insegnamento, 15. *2. La passione e lo sconforto,* 27. *3. I momenti difficili,* 35. *4. L'aiuto,* 39.

Seconda Parte: Tra ieri e oggi: passioni, aiuto e critica
1. La passione delle origini, 42. *2. Le passioni strada facendo,* 46. *3. L'aiuto ieri e oggi,* 49. *4. Per una scuola migliore,* 52.

2. Tipi di insegnanti 64
1. Premessa, 64. *2. Le tipologie,* 66. *Dai profili: esempi di vita professionale (...e non solo),* 76. *Dalle interviste,* 98.

3. Le nostre considerazioni 132
1. L'insegnamento come relazione, 132. *2. Generazioni di insegnanti,* 134. *3. Generazioni di studenti,* 137. *4. I colleghi: alle origini, oggi,* 139. *5. Uomini e donne,* 140. *6. La struttura: esperienze diverse,* 141.

Conclusione 143
Autonomia scolastica e approccio autobiografico, 143.

Allegato 1: Dati numerici sul campione di insegnanti intervistati 147
Allegato 2: Dati ricavati dalla lettura trasversale delle storie professionali 148
Allegato 3: Traccia utilizzata nelle interviste e nelle autointerviste 155

Bibliografia 156

RINGRAZIAMENTI

Un particolare ringraziamento va agli insegnanti che hanno partecipato al corso di aggiornamento tenuto presso il CDE di Modena negli anni scolastici 1997/98 e 1998/99 dal prof. Duccio Demetrio e dalla dott.ssa Sonia Bella dal titolo *Alla ricerca di una nuova identità docente*; nonché ai molti insegnanti delle scuole di Modena e provincia che con piena disponibilità hanno accettato di raccontarci (a voce o per iscritto) la loro storia professionale; alla dott.ssa Flavia Lo Mastro che ha tradotto in forma narrativa i colloqui autobiografici registrati scelti per l'esemplificazione; alla nostra collega e amica dott.ssa Edda Reggiani per il prezioso aiuto nella prima parte dell'analisi dei dati della ricerca; e, naturalmente, al dott. Mauro Serra, direttore del CDE e alle sue preziose collaboratrici.

INTRODUZIONE

BIOGRAFIE PROFESSIONALI NELLA SCUOLA

1. Gli scopi e il senso (di Duccio Demetrio)

■ *Cambiamenti senza ricordi?*

Nella stagione, quanto mai frenetica, che oggi la scuola italiana va vivendo, aprire uno spazio per ricordare il proprio passato di insegnanti è un'opportunità senz'altro originale

Alcuni potrebbero ritenerla una perdita di tempo, un inutile spreco di energie intellettuali (e sentimentali), una discutibile tendenza intimistica dinanzi ai tanti problemi: di riforma, di riorganizzazione della quotidianità scolastica, di rilancio didattico.

Coloro che fossero mossi da questi «sospetti» e da velate o palesi critiche, non farebbero che confermare quanto alcuni osservatori reputano un ormai noto costume nazionale: voltar pagina, ricominciare, progettare senza alcuna considerazione per il cammino precedentemente percorso. I colpi di spugna «dal basso» o «dall'alto» sono la manifestazione del potere, del bisogno di cancellare ogni traccia di quanto prima è accaduto, della volontà di farci credere che il nuovo è sempre meglio del vecchio. Tale antica usanza si fonda sull'*uso politico* dell'oblio, ma investe anche la vita di chi, pur non avendo interessi o ricavandone vantaggi in tal senso, viene trascinato, come tutto e come tutti, dal mito dell'azzeramento e della cancellazione della memoria.

Le donne e gli uomini, per nostra fortuna, possono anche essere deportati in una nuova condizione esistenziale e di lavoro, ma manterranno ancora le loro radici nel passato. Ne consegue che soltanto quando gli «sradicati» possono partecipare alla transizione non come spettatori, ma come attori, ecco che quanto essi sono stati, quanto hanno fatto e pensato con impegno e convinzione, quanto dovranno dismettere di essere diventa più comprensibile ed umano e, fra l'altro, più utile ai processi di cambiamento.

■ *Due tentativi*

Da queste premesse, alle quali dovremmo aggiungere altre parole a proposito del malessere diffuso dovuto a quelle spiacevoli sensazioni di spersonalizzazione e alienazione provate nel lavoro, nasceva due anni fa, a Modena, un *progetto in controtendenza*.

Già anni prima, grazie alle attenzioni, ai sensori, alle lungimiranti prospettive del CDE (Centro di Documentazione Educativa), si era tentato di intervenire creando un gruppo di insegnanti disponibli a «mettersi in gioco», a rivisitare in profondità alcune consuetudini della propria attività professionale che attraversano i problemi della didattica, tra questi: la demotivazione dei ragazzi allo studio, la difficile conoscenza del loro modo di pensare, la distanza docente-allievo, ecc. I tempi, evidentemente, non erano, come si suol dire, ancora maturi.

Il gruppo non capì che la pedagogia non si occupa soltanto di studenti, piccoli o più grandi, ma anche di adulti; che senza una disponibilità a riflettere prima di tutto sulle proprie consuetudini, sui propri «gesti» mentali o sulle proprie, inveterate, quotidiane, sicurezze si possono pur apprendere alcune novità, senza però la volontà di applicarle e di sperimentarle, senza la passione per la ricerca, che esige queste «rivisitazioni».

Al secondo tentativo, invece, le cose andarono ben diversamente. Si propose un nuovo programma, più esplicito del precedente nel dichiarare l'obiettivo di dedicare del tempo, in uno spazio inusuale di autoformazione, alla ricostruzione biografica dell'esser insegnanti nel corso degli anni.

■ *Un paradigma, non solo uno spazio di parole*

La proposta non nasceva dall'eccentrica, e un po' curiosa, voglia di chiedersi *«chi e come eravamo?»* agli inizi della carriera: quali fossero le motivazioni delle origini, quali i primi incontri significativi con colleghi, studenti, capi d'istituto, oppure, quali preoccupazioni (talvolta paure) o sorprese felici costellassero i primi passi di una professionalità. E, inoltre, non soltanto scaturiva dall'interesse di capire che cosa, poi, fosse avvenuto nel proseguo degli anni, quali fossero le «cadute»d'interesse, quali i momenti più critici, quali, ancora, le risorse scoperte o inventate per mantener viva la passione di insegnare. Queste ed altre domande non avrebbero contato più di una nostalgica rivisitazione o di un ennesimo motivo per sfogare frustrazioni e disillusioni.

Il programma di autoformazione – lo ribadiamo – (e siamo in presenza di un percorso così definibile ogniqualvolta le rievocazioni e le riflessioni sul presente che si va vivendo diventino materia di apprendimento e di crescita: nelle idee o nella ricerca delle soluzioni) si inseriva nella prospettiva teorica e metodologica che va sotto il nome di *approccio autobiografico*.

Si tratta di una corrente del pensiero, antica e moderna al contempo, in campo (anche) educativo, che può applicarsi sia ai settori della formazione in età adulta e quindi a genitori, insegnanti, educatori, ecc. sia, più direttamente, ai luoghi della didattica scolastica o dell'educazione in altri ambiti. La letteratura in proposito si va diffondendo così quanto le iniziative: l'una e le altre ci dicono che ogni esperienza è una narrazione – una storia raccontabile in prima persona – che deve essere ricondotta (sempre) pertanto al soggetto che la vive e ne fa un motivo, un'occasione, un'opportunità, di autoriconoscimento elementare o complesso. È per lei o per lui una risorsa «naturale», poiché è intrinseco alla specie, non solo umana, l'istinto comunicativo, che, però, è riconducibile ad abitudini maturate in un ambiente, in una cultura. Ne consegue che quanto più ciascuno di noi appartiene ad un contesto in cui la consuetudine al racconto, alla conservazione della memoria, all'autorizzazione ad esporsi discorsivamente è «alta», tanto più sarà elevata la competenza che definiamo «sapere narrativo» di carattere autoriflessivo. Riflessività significa più padronanza di sé, più autonomia di giudizio, più capacità di «individuarsi» (soprattutto se attraverso la scrittura vengono stimolati e guidati tali processi linguistici e cognitivi) e cioè di percepirsi persone in grado di poter esibire una propria idea delle cose e del mondo attraverso la valorizzazione del proprio io: consapevole e razionale per definizione.

L' autobiografia è quindi innanzitutto lavoro mentale.

Un percorso metodologicamente organizzato di carattere autobiografico, con adulti o meno, indipendentemente dai temi e dalle occasioni che inducono attività, preziose per l'intelligenza, quali la retrospezione e l'introspezione, è un tragitto a elevata personalizzazione, pur condotto in situazioni di lavoro di gruppo, che:

- sviluppa modalità inusuali del pensiero;

- fornisce spunti autoriflessivi, ancora una volta, volti a provocare bilanci al passato e al presente;

- perfeziona l'adozione di procedimenti che, senza remore o preoccupazioni spiritualistiche, assolutamente legittimati dalle neuroscienze, definiamo di «educazione interiore»;[1]

- educa alla condivisione delle storie e dei racconti e ad appropriarsi di metodi per imparare a raccontarsi con e tra gli altri e, quindi, ha effetti sul piano del superamento di timori e timidezze a parlare della propria storia.

Altri ed altri ancora possono essere i «benefici» di quanto, allora, si configura come un vero e proprio *paradigma pedagogico* di emancipazione e promozione dell'intelligenza,[2] oltre che della più comune abilità narrativistica. Due facoltà che non conoscono differenze d'età, mai del tutto giunte a maturazione, sempre in «lavoro in corso», sempre perfettibili: in un inesauribile bisogno di trovare i modi più appropriati per documentare a se stessi o agli altri non solo i fatti e gli accadimenti ma, soprattutto, il senso e i significati ad essi attribuibili. E, dal momento che nessuno è così ingenuo da credere che tale bisogno scaturisca spontaneamente – ogni racconto che non si limiti al chiacchiericcio, del resto, esige fatica e impegno, coraggio e stili educabili nella pratica – è quanto mai necessario che gli spazi di lavoro autobiografico tra adulti e professionisti dell'educazione, progettandoli anche per i non adulti, diventino veri programmi di educazione permanente.

---

[1] Per una laicizzazione di questo indirizzo pedagogico si veda D. Demetrio, *L'educazione interiore,* Firenze, La Nuova Italia, 2000; e anche A. Oliveiro, *Esplorare la mente*, Milano, Cortina, 1999; nonché E. Morin, *Una testa ben fatta*, trad. it., Milano, Cortina, 2000.

[2] D. Demetrio (a cura di), *Per una didattica dell'intelligenza*, Milano, Angeli, 1995.

L'autonomia scolastica è un'occasione da non perdere a questo proposito. In ogni sede, o tra sedi diverse, dovrebbero istituirsi dei «circoli» ovvero dei *«laboratori narrativi»*, nei quali (dopo attività dedicate, come questa ricerca-partecipativa dimostra molto bene, al ricordo e alla ricostruzione di eventi, incontri, emozioni) siano organizzabili, così come la legge consente (essa recita infatti la possibilità che si diano esperienze di autoformazione senza più esperti e consulenti), dei *tempi per sé*: per insegnanti interessati al di là di tutte le incombenze formali quotidiane o di tutte le preoccupazioni della didattica, almeno periodicamente, a riflettere e ragionare sul *senso,* sui *perché* e sui *come* della loro professione senza più il timore, ogni tanto, di mescolare insieme un po' di vita personale e un po' di vita lavorativa.

Questa ricerca mette in luce molto ben quanto l'essere donne e uomini, quanto il nostro «privato», incida sul pubblico e viceversa. Ci vuole quindi più coraggio, più verità e meno ipocrisia, al fine - grazie a tali occasioni narrative autentiche e liberatorie - di conquistarsi diritti diversi alla cooperazione e alla ricerca insieme. Occorre procedere controcorrente in tempi certo non propizi alla qualità della relazione; piuttosto troppo appiattiti su oneri che spersonalizzano, nella pretesa di standardizzare procedure non standardizzabili quali sono le storie che ciascuno porta con sé nel lavoro, nonostante ogni tentativo di distaccarsene.

Il lavoro autobiografico obbedisce a questo paradigma scientifico e filosofico insieme: ogni memoria e ogni pensiero - e questo in piccola parte si è cercato di fare - sono tasselli di umanità a rischio di dispersione.

Il Comune di Modena, il CDE, dando l'opportunità ad un gruppo di insegnanti di reimparare a raccontarsi e a fare ricerca ha dimostrato una sua lungimiranza importante, che ci auguriamo possa far nascere altri luoghi della narrazione professionale per continuare o per ritrovare il piacere di far scuola.

2. *Il percorso* (di Sonia Bella)

Questo lavoro di ricerca nasceva nell'anno scolastico 1997-1998 all'interno di un corso di aggiornamento CDE di cui già si è detto, rivolto ad insegnanti di scuola media e superiore, e che continuò a lavorare anche nei successivi anni scolastici. È bene precisare che, nel corso degli anni, la composizione del gruppo è variata. Alcuni degli insegnanti hanno lasciato la ricerca dopo la fase iniziale di autoformazione, altri prima della stesura della ricerca vera e propria.

Nel primo anno gli incontri iniziali furono dedicati all'approccio autobiografico, che venne affrontato sia dal punto di vista teorico, per ricostruirne e comprenderne i presupposti, sia da quello esperenziale, al fine di sperimentare in prima persona che cosa significasse essere protagonisti della propria narrazione. Attraverso alcuni esercizi preliminari, si voleva facilitare l'incontro retrospettivo con la propria storia di vita, per sperimentare, nella seconda parte del corso, un lavoro dedicato alla storia professionale.

Le proposte didattiche avevano un duplice obiettivo: apprendere il metodo e aiutare la riflessione su di sé.

Le esercitazioni sono state molteplici: si è iniziato con semplici stimoli sul ricordo libero, arrivando con disegni, immagini, scritture, a confrontarsi con i momenti peculiari della propria storia e con le emozioni che li accompagnano, con i propri legami, con alcuni aspetti della propria vita lavorativa, anche attraverso sollecitazioni che sembravano all'inizio molto lontane dalla dimensione professionale.

Nella seconda parte del corso, ci si è soffermati sulla corretta conduzione del colloquio autobiografico, ponendo attenzione alle modalità dell'ascolto, al linguaggio, agli aspetti non verbali della comunicazione, allo svolgersi dell'intervista.

Il gruppo lo ha sperimentato su di sé e successivamente all'esterno, coinvolgendo altri colleghi. Il colloquio era impostato sulla raccolta delle storie lavorative, e poneva l'accento sulla passione di formare, passione antica o riscoperta di recente.

L'esperienza si è rivelata particolarmente coinvolgente e importante, per cui il desiderio di approfondimento fin dai primi incontri fu quasi immediato. Il gruppo si rendeva ben presto conto della necessità di dover ampliare il materiale narrativo; si decise pertanto di utilizzare uno schema di autointervista che venne proposto a colleghi disponibili a rispondere ai quesiti e a scrivere di sé.[3] Dai primi positivi riscontri scaturì

[3] Vedi Allegato n. 3: *Traccia utilizzata nelle interviste e nelle autointerviste*.

la proposta alla fine del primo anno di continuare il lavoro, nuovamente su due livelli: apprendere un metodo di ricerca ed elaborare i contenuti tematici emersi.

Il secondo anno si è aperto con un ulteriore contributo teorico che introduceva al tema della ricerca sociale e approfondiva il metodo autobiografico come strumento di analisi. Parallelamente, ci si sperimentava sul campo. Il materiale è stato ampliato attraverso una ulteriore raccolta, svolta utilizzando le due diverse modalità già in precedenza sperimentate: i *colloqui autobiografici,* condotti seguendo una medesima traccia, registrati e, successivamente ad un attento riascolto, sbobinati integralmente; le *autointerviste,* nelle quali, invece, gli insegnanti coinvolti rispondevano autonomamente alle sollecitazioni proposte, direttamente per iscritto. In totale sono stati raccolti 25 colloqui autobiografici e 140 autointerviste.[4]

Un momento delicato si è rivelato quello in cui ci si è trovati a dover organizzare il ricchissimo materiale raccolto.

Procedere all'analisi delle singole narrazioni e alla comparazione fra più racconti è - come sempre - uno dei passaggi più complessi del percorso di ricerca. Per la decodifica e la comprensione delle storie di vita è cruciale la modalità di ascolto delle narrazioni altrui. Le interviste, proprio per la ricchezza di informazioni che consentono di raccogliere, richiedono un'analisi attenta e articolata che può essere condotta seguendo diversi percorsi, anche incrociati. Bisogna riuscire ad entrare dentro la trama della narrazione biografica, individuando le strutture attorno alle quali questa si organizza. Si tratta di prestare ascolto ad almeno *tre livelli* discorsivi: il livello degli *eventi* (cosa accade nel tempo biografico), il livello *simbolico - rappresentazionale* (le attribuzioni di significati a questi eventi) e quello della *salienza tematica* (l'individuazione dei temi cruciali). Come è necessario riconoscere le ricorsività di eventi e temi esistenziali, così occorre leggere le assenze, ovvero il non detto. La narrazione biografica può essere inoltre decodificata andando alla ricerca di ricorsività di tipo linguistico formale.

Per facilitare questo lavoro di analisi, sono stati sperimentati dal gruppo di ricerca diversi percorsi, tra cui quello di ricavare dati dalla lettura

[4] Vedi Allegato n. 1: *Dati numerici sul campione di insegnanti intervistati.*

trasversale delle storie.[5] Anche nella costruzione degli strumenti di rilettura, la scelta è stata quella di procedere per prove ed errori, restituendo alla sperimentazione il piacere dell'apprendimento in itinere.

Il modello di decodificazione privilegiato mirava a ritrovare nelle narrazioni raccolte le *tematiche* ricorrenti (*biotemi*), le *attribuzioni di significato* (*biosemantemi*), i *miti personali* (*biomitemi*), segnalando inoltre i vocaboli evocativi di stati d'animo, scelte, idealità, persone, sensazioni. In questo caso si trattava di smontare la trama linguistica per individuare le ricorrenze di parole o frasi chiave, di modi argomentativi, la forma del discorso.

Prestare attenzione a questi elementi significa occuparsi della trama delle storie, ed è infatti la collocazione della storia in una trama che dà alla narrazione una coerenza, producendo sul discorso immediato un effetto organizzatore ed esplicativo.

Per aiutare il gruppo a ritrovare la trama nelle vite degli insegnanti, la proposta ulteriore è stata quella di stendere *un profilo* di ogni testimonianza raccolta, registrata o per iscritto, per mantenere sempre presente l'unicità delle diverse narrazioni. Questo esercizio poteva aiutare a scomporre le diverse parti della traccia per consentire una lettura incrociata delle vicende, al fine di condurre ad un discorso complessivo nel rispetto dell'unicità di ogni singola vicenda.

Successivamente, è sembrato possibile, leggendo e rileggendo i «profili», arrivare a identificare *quattro tipologie* di insegnanti, per far emergere con maggiore evidenza i percorsi professionali più significativi. Per operare questa classificazione, il gruppo ha fatto riferimento ad alcune categorie di vissuti che si possono evidenziare nei racconti autobiografici: le *poetiche dell'esperienza*, spesso legate alle origini, ricordate in modo quasi mitico, come se si trattasse di leggende; le *lezioni dell'esperienza*, rappresentate da ciò che ciascuno di noi impara nel corso della vita sul piano umano e su quello professionale; il *governo dell'esperienza*, cioè il modo in cui sono stati gestiti e risolti i problemi, superate le difficoltà. Infine si è tenuto conto anche, almeno dove era possibile, delle diverse *caratteristiche soggettive* (di genere, di ruolo, ecc.) che esistono comunque al di là dell'esperienza e che fanno di ogni storia di vi-

---

[5] Vedi Allegato n. 2: *Dati ricavati dalla lettura trasversale delle storie professionali.*

ta, pur nelle somiglianze con le storie degli altri, sempre una storia a sé, irriducibile ad ogni schema.

La ricerca, ora questo libro, si articola in due parti. La *prima* è dedicata alla lettura trasversale del materiale narrativo raccolto. La *seconda* offre una possibile suddivisione delle storie raccolte in tipologie d'opinioni e profili esemplari; alcune interviste, poi, sono state trasformate in monologhi per accentuare il ritmo espositivo del racconto.

Le considerazioni finali rimandano a questioni più generali che sono state soltanto indicate come possibili tracce di ulteriore approfondimento.

La conclusione sul rapporto tra i risultati della presente ricerca e le nuove linee di intervento sulla scuola che vengono ricondotte soprattutto al nuovo regime di autonomia e al dibattito sui cicli.

L'indagine e il lavoro che ne sono seguiti, sono il risultato di questa ricerca; oltre ad aprire un possibile confronto sull'identità docente a Modena, hanno anche permesso di sperimentare il piacere di imparare a fare ricerca e hanno generato un'attenzione peculiare per la narrazione delle storie di vita professionale.

Ogni insegnante che ha partecipato alla ricerca ha così senz'altro arricchito il suo modo di ricostruire riflessivamente passato e presente, ma possiede ora anche qualche metodo in più per organizzare il proprio futuro tra motivazioni personali e compiti professionali.

CAPITOLO 1

LA PASSIONE DI FORMARE: LETTURA E ANALISI DELLE STORIE

Prima Parte

ALLE ORIGINI: RICORDI, EMOZIONI, DIFFICOLTÀ

1. I ricordi del primo anno di insegnamento

Delle origini, del primo anno di insegnamento, che cosa emerge nel ricordo degli insegnanti che ci raccontano la loro storia professionale? Innanzitutto ci descrivono i *luoghi* (l'ambiente esterno, gli edifici, le aule, la sala professori) e le *persone* che hanno incontrato (i colleghi, i presidi, gli allievi, i bidelli). Ma già ad una prima lettura emergono i problemi dell'inizio, sia quelli di tipo pratico (la lontananza da casa, la fatica del viaggio, l'inserimento in una realtà economico-sociale molto povera o difficile), sia quelli di tipo professionale: l'inesperienza pedagogico-didattica, l'impatto con un ambiente scolastico vecchio ed autoritario che teneva in scarsa considerazione i nuovi arrivati e non era sempre disponibile ad accoglierli.

■ *I luoghi*

L'ambiente esterno

Tra i docenti ascoltati, quelli che hanno iniziato ad insegnare lontano dalla loro abitazione riportano elenchi di immagini sensoriali relative all'ambiente esterno, oggetto evidentemente della loro curiosità di neofiti.

È tra le loro testimonianze che abbiamo incontrato espressioni come:

«... i colori e gli odori della montagna, di un paesino lontano da casa...»;

«... i ragazzi che sapevano di campagna, i prati, gli alberi, il sole...»;

«... l'odore del pane fresco del panificio a fianco della scuola...»;

«... l'odore della nebbia ... i canali del mantovano...»;

«... l'immagine del fiume che scorreva davanti alla scuola...»;

«... l'edificio scolastico era nuovo, ampio, luminoso e aveva grandi vetrate».

Una testimonianza che riassume l'impatto nella nuova realtà di lavoro è quella di un docente che da Napoli si è trovato ad insegnare a Muro Lucano:

«Di quel piccolo paese mi sembra ancora di sentire l'odore del pane appena sfornato, l'odore dei boschi vicini e di rivedere gli anziani vestiti con il "barracano", un mantello a ruota, che contrastava nero contro il bianco della neve».

A volte la descrizione d'ambiente si mescola a un sentimento:

«... il mare in inverno, il tempo libero e il senso di libertà...»;

«Ero molto agitata nel momento in cui stavo per varcare la soglia dell'edificio nel tepore mattutino, insolito, di una giornata autunnale che rendeva l'atmosfera irreale».

Il viaggio

Nonostante l'idillio del paesaggio, per questi insegnanti il viaggio per raggiungere il luogo di lavoro si è fissato nella memoria in prevalenza come fatica:

«... la fatica delle levatacce per prendere il treno, il suo sferragliare, il sonno, la nostalgia...»;

«... sessanta chilometri all'andata e sessanta chilometri al ritorno di strada di montagna...»;

«...la fatica del viaggio: ero a 72 chilometri da casa. Poi il freddo delle mattine d'inverno in cui partivo da casa alle sei e mezza e la

paura di quella volta in cui la Cinquecento "ballò" sul ghiaccio di una curva...»;

«... partivo alle sette del mattino, vestitissima perché in montagna c'era freddo, e ritornavo a casa verso sera, stanca morta... e incontravo persone rilassate, vestite leggere, che uscivano, mentre io non avevo altra voglia che di cenare e andare a dormire»;

«... il buio della mattina in attesa alle sei e mezzo alla fermata dell'autobus, con la paura che fosse già passato; e poi l'odore di plastica delle vecchie corriere dove, a quell'ora, si spandeva una luce soffusa e un'atmosfera carica di sonno».

Ma per qualcuno il viaggio è ricordo piacevole, oppure possibilità di incontro coi colleghi , momento di confronto e di aiuto, nascita di amicizie:

«... il piacere di guidare la Dyane nel traffico cittadino con la meta della "mia" scuolina»;

«...anche il viaggio non era pesante, anzi avevo fatto amicizia con il casellante che mi riconosceva dal lampeggiare dei fari della macchina e non controllava il biglietto»;

«... le chiacchiere e le confidenze durante il viaggio in macchina...»;

«... ero a 20 chilometri da casa, ma la vita insieme alle colleghe che condividevano le alzatacce, la corriera con chiacchiere e risate, i pranzi fuori per le numerose riunioni sono ancora associati nel mio ricordo a una sensazione di festa e di gruppo».

L'ambiente scolastico

L'ambiente scolastico è per tutti i docenti un ricordo vivido; le immagini sensoriali sono molto efficaci, spesso associate all' olfatto:

«... l'odore di muffa del vecchio edificio scolastico...»;

«... il grigiore dell'edificio: una vecchia palazzina adattata in un paese dell'Appennino, l'odore stantio, la sensazione di "vecchio"...»;

«...risento ancora l'odore delle matite temperate di fresco e il profumo di ambiente pulito...»;

«... l'odore della polvere e del legno vecchio dei banchi e l'odore di scarpe da ginnastica troppo usate...»;

«... l'ambiente in cui insegnavo odorava di muffa, aria viziata, umidità e cibi avariati, ma anche di erba tagliata e fiori che accompagnavano la primavera...»;

«...l'odore del caffè della bidella in sala insegnanti...».

Altre immagini sono visive:

«...i muri bianchi delle aule spoglie...»;

«...aule riscaldate con stufe a legna...»;

«...un' aula ampia e fredda, esposta a tramontana e una cattedra posta su una pedana...»;

«...la scuola era in un edificio pericolante, con stufa a legna...»;

«... il degrado fisico della scuola (un Istituto d'Arte), le immagini dei murales e le scritte politiche su muri e porte...»;

«...l'aula buia, piccola, disadorna, quasi uno specchio dell'ambiente esterno, vecchio, retrogrado, ostile...».

■ *Le persone*

Ci è sembrato che a volte l'ambiente fisico delle scuole in cui gli insegnanti hanno iniziato a lavorare, descritto come vecchio, disadorno, respingente abbia connotato per i «novellini» anche l'atmosfera che vi si respirava normalmente, avvertita come ostile. Infatti era un «ambiente scolastico triste ed autoritario» oppure un «ambiente vecchio e stantio» che faticava ad accogliere i nuovi arrivati, come ci raccontano queste due testimonianze:

«A rendermi stravolta fu anche l'ambiente in cui mi trovai, un liceo storico della città, un ambiente molto chiuso... In questo liceo i nuovi non venivano proprio considerati. Visivamente ricordo gli antichi armadi dei professori, mi piacevano perché avevano un aspetto di cose vissute, però ricordo le facce di questi colleghi, mai sorridenti, non c'era nessuna comunicazione»;

«...i bidelli mi sgridavano perché mi scambiavano per un'alunna ed il personale di segreteria mi trattava male quando chiedevo chiarimenti. Nessuno, insomma, si preoccupava di darmi delle informazioni perché mi potessi inserire nel nuovo ambiente».

I colleghi e i presidi

Il rapporto coi colleghi più anziani, o coi presidi, peraltro poco citati, è stato molte volte **frustrante e negativo**, come ci testimoniano i docenti che ricordano con un po' di amarezza volti, odori, situazioni:

«... della sala docenti è rimasto l'odore del fumo e la noia dei discorsi che vi circolavano»;

«...i volti di alcuni colleghi che mi incutevano particolare soggezione»;

« C'era un bel clima tra noi insegnanti giovani, non parlo ovviamente di quelli anziani che pensavano solo alla pensione, che avevano nostalgia per la vecchia scuola, con loro non c'era proprio dialogo, neanche aiuto; ma tra noi ci si aiutava tanto, si parlava, si sognava. Col preside invece si litigava tutti, sempre»;

«... avrei desiderato moltissimo trovare i consigli di un collega più anziano di me, che insegnava lì, però mi rendevo conto che spesso al contrario egli sfruttava la sua distanza e la sua esperienza per tenersi in disparte e valorizzare ulteriormente la sua ambiziosa volontà di primeggiare»;

«... un rimprovero molto sgarbato del preside per il registro mal compilato»;

«...il preside-padrone non collaborativo, la segretaria dall'aria ottocentesca, tipo burocrate inaccessibile»;

«...il primo volto è quello della preside, donna dall'aspetto duro e severo con la quale ho avuto subito un piccolo scontro che mi ha turbata»;

Particolarmente efficace ci pare, per concludere, il racconto semiserio che questa docente ci fa del suo primo impatto con la scuola:

«...una sala docenti lunga e stretta, con un lungo tavolo e due insegnanti che per incoraggiarmi mi dicono: Non preoccuparti, entri in classe, fai l'appello, poi dai un compito e cominci a farli lavorare... poi viene il 27 e chi s'è visto s'è visto!« Che depressione questo primo incontro! Che depressione l'odore di "naftalina" che aleggiava intorno!».

Più spesso, invece, l'impatto è stato **positivo** soprattutto per la presenza di colleghi, per lo più coetanei, frequentemente definiti: cordiali, simpatici, disponibili, bravi, sinceri, impegnati, solidali, entusiasti. Con loro sono nati rapporti di collaborazione e di amicizia, a volte poi si è trovato il modo di confrontarsi e di condividere i problemi:

«...intorno a me c'erano volti di insegnanti in prevalenza giovani e disponibili al confronto e alla collaborazione»;

«Ero uno straniero nel paese, ma questa situazione, invece di mettermi in una condizione di isolamento, ha fatto sì che gli allievi, i colleghi, il preside, i bidelli mi trattassero con riguardo»;

«L'esperienza è stata positiva anche perché, essendo quasi tutti i colleghi giovani ed entusiasti, si era creato un clima allegro e gioviale»;

«... il clima di solidarietà e di amicizia tra insegnanti alle prime esperienze, i momenti conviviali nei bar prima dei consigli di classe e dei collegi».

Solo in qualche caso sono citati come un ricordo positivo i colleghi più anziani, se e quando però hanno aiutato i più giovani a superare l'imbarazzo verso il nuovo ambiente di lavoro; saranno infatti loro, in alcuni casi, a sostenerli nei momenti difficili.

«... uno in particolare che oggi è in pensione mi ha convinto a non abbandonare la scuola»;

«... nei rari momenti di difficoltà una collega mi ha sempre aiutato, una collega con molti anni di esperienza».

Altre volte, a determinare un buon inserimento è stata l'accoglienza favorevole di alcuni presidi, in verità non molti:

«... il preside, una figura positiva ed importante, accogliente ed affettuoso nei miei riguardi»;

«Per fortuna in aprile mi arrivò una bellissima supplenza "lunga" fino a fine anno, con gli esami, che mi diede l'opportunità di incontrare un preside con la P maiuscola che mi fece scoprire che insegnare era davvero la cosa giusta per me».

Gli alunni

I volti, gli occhi, le espressioni, le parole degli alunni sono in genere ciò che delle origini tutti i docenti ricordano con maggiore nitidezza. A volte è la **classe** nel suo insieme, in altri casi sono i volti degli studenti chini sui testi, in particolare quelli dei ragazzi in gamba, le loro risate:

«...ragazzi, ragazzi, ragazzi,... chi faceva due chilometri a piedi ogni mattina per prendere il pulmino dopo aver lavorato nella stalla»;

«... alcune ragazze di spalle, la loro indifferenza e il rifiuto di dialogo all'inizio... in seguito l'apertura e le proposte di alcune studentesse»;

«... mi ricordo benissimo due fratelli. Primo banco. Io entro abbastanza timidina e fratello e sorella che mi squadrano dalla cima della testa alla punta dei piedi e cominciano a dire parole, probabilmente improperi, in un siciliano o napoletano strettissimo che naturalmente non capivo. Poi, altro viso, nel banco di fianco: un vietnamita venuto da dieci, quindici giorni che non capiva una parola di italiano; e, in fondo, una bimbetta bionda, che era deliziosa, carinissima, tutta ricciolina che, non subito, ma dopo dieci giorni, mi svenne per una crisi epilettica».

Sono rimasti molto impressi nella memoria quegli **occhi**: curiosi, puntati, dai quali ci si sentiva squadrati, di fronte ai quali ci si chiedeva:

« Chissà che cosa si aspettano da me?»;

«... gli occhi luminosi ed espressivi e i volti lieti e sereni di adolescenti contenti di apprendere e di scoprire il mondo»;

« ... volti scrutatori... occhi puntati addosso che mi provocavano imbarazzo, timidezza, insicurezza, rigidità, ma anche eccitazione»;

«...gli occhi degli alunni che mi squadravano da capo a piedi, pronti, a mio avviso, a cogliere ogni mia incertezza e a giudicarmi di conseguenza».

In alcuni casi il ricordo è legato soprattutto a **qualche alunno in particolare:**

«...il figlio del becchino, il cui padre 'allevava' un gatto nero nella cripta del cimitero»;

«.. il volto sorpreso del bambino a cui ho dato il primo e ultimo schiaffo»;

«... il viso contratto del ragazzo di sedici anni in crisi epatica da alcoolismo e il viso splendido della ragazzina di quattordici anni che, per venire a scuola, 'guadava' il torrente Leo e di cui adesso so che fa l'albergatrice»;

«... un ragazzo che, il primo giorno di scuola, scavalcò il davanzale della finestra (l'aula era al secondo piano) e mi disse: "Prof., io vado via". La paura mi invase e mi chiesi :"E ora, che faccio?". A questo pensiero ne seguì un altro che mi gettò nello sgomento: "Oddio, ma se è sempre così...».

Vengono poi ricordati con affetto gli **studenti dei corsi serali**: l'entusiasmo di trovarsi di fronte a persone adulte, i volti segnati dalla stanchezza, la grande disponibilità ad imparare, le difficoltà dei lunghi anni di interruzione degli studi, infine la fatica fisica e mentale che veniva loro richiesta:

«Non posso dimenticare la volontà di quegli alunni adulti che affrontavano con grande sacrificio le ore di lezione dopo una giornata di duro lavoro».

La testimonianza che segue ci sembra contenere insieme le immagini più significative che finora abbiamo raccolto. È un momento iniziale particolarmente impegnativo (come succedeva spesso nei primi anni settanta) che viene raccontato con vivacità:

«Del mio primo anno di insegnamento ricordo i colori e gli odori

della montagna, di un paesino lontano da casa; una scuola in cui l'impegno era gravoso, poiché, oltre alle classi del mattino, insegnavo alcune ore al doposcuola e in un corso per studenti-lavoratori. Ricordo i bambini col grembiule nero, il corso serale frequentato da casalinghe più anziane di me e da un bidello che al mattino mi portava il gesso per la lavagna e la sera diventava mio scolaro».

■ Le emozioni, i sentimenti

Se il ricordo degli alunni è intenso ed emozionante, ci sembra però che contemporaneamente emerga con evidenza un problema di carattere professionale: quello dell' *inesperienza pedagogico-didattica* presente in un gran numero di testimonianze che coniugano sentimenti di paura, panico, tensione, a insicurezza e solitudine. Molto efficace e significativo ci sembra questo racconto di un primo giorno di scuola:

« Del primo momento ricordo solo la paura. Sono entrata nella classe dove c'era una grande confusione e ho pensato che non sarei mai riuscita a portare un po' di calma. Poi ho sentito tutti quegli occhi su di me ed ho pensato che quello non era proprio il mio lavoro. Prima troppo rumore, ora troppo silenzio! Ho raggiunto la cattedra in uno stato di confusione, non sapevo... assolutamente quello che dovevo fare..., sì, grande confusione... Prima paura, poi confusione. Poi non so... qualcosa avrò detto... avrò fatto, perché quell'ora ricordo che sono restata in quella classe, solo un'ora, é passata, ma sinceramente non ricordo proprio come. Ho continuato a... era come se un'altra persona fosse al posto mio... non ricordo... proprio non ricordo. E rimane però un senso di malessere legato a quel non ricordo, di grande disagio... il sentirsi inadeguati... non preparati... affatto».

La giovane età dei docenti e l'entusiasmo di iniziare una professione con una forte valenza relazionale, in molti casi hanno viceversa facilitato gli inizi. Leggiamo anche questo racconto:

«Di Castelfranco ho un buon ricordo, perché i ragazzi erano un po' ruspanti, ma con disponibilità al lavoro, al rapporto, con pochi fronzoli... ero contento, ho giocato molto con loro, ero anche più giovane, quindi più in vigore fisico e questo nella mia materia (educazione fisica) conta molto. Incontro ancora adesso dei ragazzi che io non cono-

sco, ma loro si fanno riconoscere e raccontano di partite a calcio o rugby... epiche e quindi è legato tutto a situazioni concrete, emozioni vissute in un rapporto molto diretto, molto immediato con gli alunni».

La paura e l'entusiasmo

Molte volte ci è capitato di individuare all'interno della stessa testimonianza sentimenti contrapposti: da una parte l'entusiasmo per il nuovo lavoro unitamente all'interesse per i ragazzi, dall'altra la paura, il panico, l'incertezza e il «sentirsi inadeguati»:

«...il panico nel varcare la soglia della classe, la stanchezza fisica dopo una spiegazione, ma anche la felicità pura nel constatare che gli alunni... avevano capito»;

«I sentimenti erano contrastanti: da una parte la paura di essere inadeguata rispetto al compito da svolgere, dall'altra l'entusiasmo e l'interesse nei confronti della classe e delle materie».

La soddisfazione

Nella lettura delle storie i ricordi che predominano sono quelli che ci riportano a sentimenti **positivi**: esprimono con intensità sensazioni, descrivono con efficacia atteggiamenti personali (emozione, felicità, entusiasmo, voglia di fare).

Altri aspetti positivi riguardano la soddisfazione di svolgere una professione che appare stimolante: si pensa infatti che possa offrire l'opportunità di trasmettere tutto quello che si è appreso e vissuto negli anni di università:

«... la più grande emozione: la prima firma sul registro di classe, ma anche il sentirmi chiamare prof. ed il primo ingresso nell'aula in qualità di insegnante»;

« ... l'emozione nel rendermi conto di essere al centro dell'attenzione di una classe e di cercare di non deludere le aspettative dei ragazzi... l'entusiasmo mi caricava di responsabilità e costantemente cercavo di variare le attività in classe»;

«... emozione mista di incredulità e di piacere di ritrovarmi, dopo anni di studio, dalla parte della cattedra... senso di responsabilità».

La professione come scelta

Nelle domande poste ai docenti non era stato chiesto loro se avessero scelto tale professione consapevolmente rispetto ad altre opportunità o quali motivazioni l'avessero sostenuta. Nonostante questo, alcuni docenti lo hanno esplicitato: alcuni perché la loro esperienza lavorativa era iniziata in altri ambiti professionali; altri perché, poste durante il colloquio, hanno permesso di precisare e approfondire maggiormente i ricordi delle origini:

«... ricordo l'entusiasmo perché finalmente entravo nella scuola media come vincitore di concorso (dopo sei anni di lavoro impiegatizio). Ricordo la voglia di fare, di sperimentare, di "fare cultura" insieme ai ragazzi. C'era un forte investimento emotivo per la novità dell'esperienza, per la ricchezza e il coinvolgimento del rapporto educativo e umano con alunni e famiglie»;

«... 1975-76: grande entusiasmo, grande sicurezza. Perché? Tornavo al mio vero lavoro dopo una scelta sbagliata, ritrovavo nella scuola entusiasmi, amici, ambienti noti e familiari (insegnavo nella scuola dove mi ero diplomato)... solo ricordi positivi»;

«...perché, vedi, io non volevo fare l'insegnante. Io avevo fatto tutta l'Università convinta di non voler fare l'insegnante, mi ero specializzata in Statistica per non fare l'insegnante, ma per lavorare all'interno dell' Università... Poi, proprio durante il primo anno in cui facevo tutte e due le attività, mi sono accorta che in fondo io stavo meglio a fare l'insegnante, mi sembrava di dare qualche cosa di mio perché, pur con tanta fatica, però mi mettevo in gioco come persona... Per cui, a giugno, stanchissima, perché era stato un anno pesantissimo, io scelsi: mi dimisi dall'università. Quindi è stata proprio una scelta, con molti dubbi, per carità, ma è stata proprio una scelta»;

«...Sono arrivata all'insegnamento dopo vari tentativi di lavoro (in biblioteca, in TV private, alla Posta), finché ho visto che la cosa che aveva più continuità, anche se era un lavoro precario, era quello di fare delle supplenze nella scuola, cosa che non mi dispiaceva come idea. In effetti, dopo il primo anno di supplenza, che è stato un anno da ricordare, molto bello, ho deciso di continuare questo lavoro, perché l'esperienza mi era piaciuta molto e pensavo anche di avere qual-

cosa da dare in questo campo. E quindi poi ho continuato e ho abbandonato tutti gli altri lavori che comunque non mi avevano mai del tutto soddisfatta. Il lavoro d'ufficio, ad esempio, capivo che non mi piaceva moltissimo; invece la scuola, almeno nella mia testa, mi permetteva di cambiare tutti gli anni qualcosa».

La paura di non essere all'altezza

Ugualmente documentati sono quelli che possiamo definire gli atteggiamenti di insicurezza, determinati soprattutto dalla «paura di non essere all'altezza», che si esprime anche attraverso parole ricorrenti quali: *incertezza, timidezza, imbarazzo, disagio, paura fisica, panico, tensione emotiva, tachicardia*; oppure con espressioni che mettono a fuoco con maggiore precisione la paura di non farcela o quella di arrivare in ritardo. Altre poi riguardano il rapporto con gli studenti: ad esempio la paura di affrontare la classe o di non riuscire a parlare. Ci sembrano emblematiche le seguenti:

«... la trepidazione, il senso di attesa, l'ansia di comunicare, il timore di non essere all'altezza»;

«... l'imbarazzo e l'insicurezza espressi dal tremore della voce, dal rossore violento al viso e dalle parole spezzettate».

Alcune testimonianze descrivono con efficacia l'impatto iniziale, a volte sottolineando l'inesperienza e la difficoltà a cominciare:

«... era probabilmente una scuola un po'... ghetto, non ricordo che scuola fosse, ma ricordo che facevo fatica a tenere la disciplina, moltissimo: loro non mi ascoltavano quasi e... sì, proprio mi ricordo questa fatica che ho dovuto fare per farli tacere, per farmi ascoltare, poi, poi... cosa gravissima, ricordo anche di aver detto una parolaccia che poi li ha zittiti... mi avevano proprio fatto andar fuori dai gangheri...»;

«...È un ricordo ormai lontano. Mi ricordo le prime supplenze, brevi, in modo... da panico, nel senso dell'incertezza, dell'essere «sbattuto», uso il termine «sbattuto», di fronte ad una classe senza nessuna indicazione... ti mettevano a rapportarti con delle persone, così, allo sbaraglio, ti sbattevano allo sbaraglio...».

Altre volte il racconto riesce a tratteggiare un quadro molto vivace e ricco di particolari in grado di farci rivivere quei momenti:

«... *attualmente io non ricordo quest'aula, ricordo solo che c'era un gran rumore di banchi... di persone che si muovevano e che stavano lì... non ricordo i visi delle persone, ricordo solo che c'era tutta questa attenzione su di me e che c'è stato un attimo di panico perché io ho iniziato a parlare in una maniera rapidissima, anche perché, generalmente... adesso mi sono calmata... ma anche quando ero a scuola ho sempre avuto questo modo di parlare bruttissimo, specialmente quando sono emozionata corro in una maniera incredibile... quindi questi mi hanno ascoltato, ma non hanno capito assolutamente niente, perché poi c'era anche la questione dell'accento diverso... e quindi ho dovuto ripetere tutto*».

2. *La passione e lo sconforto*

■ *La passione*

«*Ripensando alle tue emozioni di insegnante alle prime armi, che cosa ti apparve subito appassionante e che cosa deprimente e scoraggiante?*»

Leggendo le risposte a questa seconda sollecitazione possiamo dire che le relazioni con gli allievi e con i colleghi, più che la soddisfazione professionale risultano essere in genere l'aspetto più appassionante nell'esperienza del primo anno di lavoro. Questa riflessione è confermata da quanto emerge nei colloqui rispetto alle autointerviste; infatti, là dove gli insegnanti hanno potuto esprimersi con maggiore ampiezza, è risultato chiaro che ciò che di appassionante esiste nella professione è nato nel tempo con l'acquisizione di strumenti didattici e pedagogici:

«... *fin da piccola avevo sempre giocato a fare la maestra... mi piaceva questa idea della scuola, ma non ero per niente consapevole poi di quello che significava. Era più qualcosa, così, che mi ero sentita dentro; mi piacevano le materie probabilmente, ma non è che avessi poi un'idea precisa, che mi prefigurassi in qualche modo quello che sarebbe stato il mio mestiere...[Poi insegnando] ho cominciato a capi-*

re un pochino che cosa erano le materie... Avevo fatto il mio percorso scolastico, ma solo lì ho cominciato a entrarci dentro»;

«...la passione dell'insegnamento c'è tutta, diciamo che nel passato mi era meno chiara; prima c'era soltanto un grande entusiasmo, di una cosa bella, inconsapevole... che non aveva contorni...»;

«...diciamo che io non ho avuto una passione sviscerata per l'insegnamento... forse sono delle cose che sono nate pian piano, lentamente... non è stata una folgorazione di chi vede immediatamente la propria strada... Pian piano ho trovato nell'insegnamento delle cose che mi davano soddisfazione».

Nelle autointerviste molte volte il termine «passione» è stato sostituito con «emozione». Inoltre pochi insegnanti hanno dichiarato di non aver trovato alle origini *nessun* motivo di passione.

Il rapporto con gli allievi

Sicuramente la maggior parte dei docenti ha trovato appassionante il rapporto con gli allievi che, in questi casi, è connotato dalla gratificazione suscitata dalla disponibilità degli studenti e dalla possibilità di stabilire una relazione positiva di reciprocità che ha permesso a volte di superare momenti di difficoltà:

«...fu appassionante stabilire un contatto con loro e accorgermi che potevo dare e ricevere qualcosa di positivo in questa relazione»;

«... la passione nacque subito dall'esuberanza dei ragazzi, dalla freschezza delle loro emozioni»;

«... vedere che il rapporto con i ragazzini cresceva, diventava un rapporto di fiducia, anche quelli che andavano male riuscivano a esprimere loro stessi; io ero anche molto severa con alcuni, avevamo delle liti, però era un rapporto molto vivace».

In altri casi questa relazione è maggiormente precisata e descritta in taluni suoi aspetti:

«...mi apparve subito appassionante la possibilità di contribuire alla crescita di nuove generazioni, la consapevolezza di poter aiutare

gli studenti a scoprire e ad utilizzare le loro potenzialità»;

«... le emozioni di insegnante alle prime armi furono contrastanti: l'istinto materno, che mi ha sempre resa protettiva nei confronti dei ragazzi, si tradusse in desiderio di comunicare, di stare in mezzo a loro, di "guidare" le loro esperienze, non solo scolastiche, di trasmettere qualcosa di me stessa...»;

«... l'insegnamento non era stata una scelta: la passione è nata entrando in relazione con gli studenti, per "accendere" qualcosa in loro, scoprendo che i bambini (anche quelli che facevano impazzire) tiravano fuori parti belle di me che non sapevo di avere».

Infine alcuni docenti si soffermano sugli aspetti pedagogico-didattici caratterizzanti la professione:

«... diciamo che di appassionante c'era il fatto di mettermi a confronto, fresco di studi e di teorie, di informazioni, di nozioni apprese all'università e il fatto di provare poi nella realtà come questo funzionava, come potesse essere trasmesso ai ragazzi... passaggio dal nozionismo a una trasmissione più convincente di contenuti che potessero anche stimolare i ragazzi»;

«... mi apparve subito appassionante la possibilità di contagiare nell'entusiasmo l'interesse e la partecipazione dei ragazzi, vedere che riuscivo a far amare la lettura, lo studio, la ricerca»;

«... vedere un bambino che capisce e interiorizza un concetto che prima non conosceva e che io gli avevo trasmesso»;

«... il potermi inventare sempre ogni giorno un modo per raccontare cose che non sempre erano divertenti o interessanti per i ragazzi... anche per farli partecipare invogliandoli a studiare in modo più consapevole ciò che a me stessa piaceva».

Le materie

Altri motivi della passione si ritrovano nell'insegnamento delle materie e nella trasmissione dei contenuti culturali: appassionante appare la possibilità di trasmettere contenuti, abilità, il piacere di far apprendere una materia che ha sempre incuriosito e appassionato, oppure la possibilità di insegnare a usare uno strumento importante come la lingua straniera; o, ancora, rendere la matematica interessante coinvolgendo gli studenti; e non ultima l'idea di trasmettere le proprie conoscenze a qualcuno e contemporaneamente continuare a imparare.

La professionalità

L'acquisizione di capacità professionali attraverso nuovi modi e strategie di insegnamento costituisce un altro motivo di passione. C'è chi ha semplicemente elencato gli aspetti formali più semplici e quotidiani del «fare scuola»: l'uso della lavagna, la considerazione degli alunni per le proposte didattiche, la correzione dei primi quaderni per il controllo dei compiti, gli interventi ordinati e per alzata di mano degli scolari; e chi invece ha sottolineato quanto di creativo e perciò stimolante e coinvolgente implica la professione stessa:

«... dover cogliere nuove strategie giorno dopo giorno in base alle difficoltà sia umane che didattiche»;

«... confrontarsi con i ragazzi, provarsi sul campo, sperimentare la più bella professione del mondo, anche sbagliare»;

«... decisamente appassionante il fatto di "inventarmi" di nuovo tutti i giorni, di trovare nuovi modi per presentarmi, la necessità della formazione professionale, la disponibilità a guardare altri più esperti».

Una testimonianza conclusiva elenca, anche se in modo sintetico, tutto ciò in cui consisteva agli inizi la passione:

«... la costruzione di un rapporto con i ragazzi, la scoperta dei metodi per trasmettere i contenuti di studio, la preparazione delle lezioni, il confronto con i colleghi esperti.»

L'impegno politico-sociale

Se teniamo conto dell'anzianità di servizio, ci accorgiamo che alcuni insegnanti che hanno iniziato a lavorare tra la fine degli anni Sessanta e la metà degli anni Settanta esprimono tra le motivazioni della passione istanze politico sociali. Ci sono sembrati animati dal desiderio di cambiare la scuola e la società, dalla volontà di far conoscere agli allievi il «gusto di lottare per ottenere qualcosa» e di «trasmettere una conoscenza critica e un impegno sociale»:

«... Era appassionante il desiderio di pensare un modo di insegnare più attento alle esigenze di chi sta imparando, tenendo conto anche di certi aspetti della loro persona (era il '68); c'era anche la soddisfazione di cominciare finalmente una vera attività lavorativa dopo anni di studio a tavolino. L'idea di svolgere un servizio utile agli altri»;

«... Ho iniziato a insegnare nel '69-'70... in una scuola 'speciale'... Era un'esperienza alla Don Milani... ricordo una bella tensione educativa, quindi una risposta sui criteri educativi, un'autodisciplina dei ragazzi... con i colleghi avevo un buon rapporto perché c'era un'affinità didattica che vivevamo bene insieme... C'era molta attenzione per l'ambiente sociale di provenienza degli alunni e per i loro problemi, derivante anche dalle possibilità che una scuola lunga (a tempo pieno) offriva. Era molto importante il coinvolgimento personale per conquistare i ragazzi»;

«... eravamo tutte persone di una certa area politica e quando finalmente fummo la maggioranza [nel collegio] cominciammo a imporre le nostre idee, anche politiche, sulla scuola, che volevano dire: adozione di un certo tipo di libri, che significava un certo tipo di insegnamento finalizzato ai bisogni di ragazzini che, nella stragrande maggioranza, dopo la terza media, finivano e andavano a lavorare. Quindi facevi la geometria perché avessero le basi per il disegno tecnico; oppure la matematica che gli permettesse di leggere la busta-paga... per noi la scuola era veramente una formazione per il loro avvenire... era tutto sempre finalizzato alla loro crescita nel senso di insegnargli a leggere un giornale, a capire perché c'erano gli scioperi nelle fabbriche... facevamo indagini statistiche sull'inquinamento, sulle malattie professionali: era proprio l'educazione del cittadino... È chiaro però che così scaravoltavi il programma di matematica e di scienze perché volevamo essere più aderenti alla realtà. Devo dire che sono stata benissimo, perché ci abbiamo creduto nel fare un certo tipo di scuola, sia dal punto di vista educativo che didattico. Ci trovammo in un gruppo che poi è rimasto insieme quasi diciott'anni, proprio perché abbiamo pensato di fare un certo tipo di scuola... devo dire che sono stati anni splendidi perché noi abbiamo creduto in certe cose, le abbiamo portate avanti sulla nostra pelle».

■ *Lo sconforto*

L'inesperienza didattica

Dalla maggior parte delle risposte emerge che gli aspetti più deprimenti e scoraggianti degli inizi sono il senso di inadeguatezza e l'inesperienza didattica, talora cause riconosciute di insuccesso. Essi ci dicono che era scoraggiante non avere le idee chiare su *cosa* insegnare e su *come* insegnare, non sapere da che parte incominciare, doversi inventare tutto, rapportarsi agli studenti senza possedere alcuno strumento concettuale didattico, senza alcuna specifica preparazione per insegnare, o il doversi arrangiare e «inventarsi insegnante» senza avere nozioni né di pedagogia, né di didattica, né di psicologia.

Alcune testimonianze ci raccontano in modo più preciso come si manifestava questa inesperienza. In particolare ci parlano delle difficoltà di stabilire un rapporto corretto con gli studenti, con la consapevolezza in questo della giovane età e del desiderio di non affidarsi a metodi autoritari. Scoraggiante era quando i ragazzi non capivano ciò che l'insegnante voleva fare; quando il tanto lavoro non dava i risultati sperati; quando gli studenti non collaboravano, vanificando gli sforzi, quando c'era incomprensione; quando i ragazzi pensavano di fare i furbi, cercando di «fregare» l'insegnante, pensando di essere a loro volta «fregati».

In altri casi a mettere in crisi i docenti è stato il problema della valutazione:.

«... la correzione dei compiti in classe perché non ero in grado di valutare la preparazione degli studenti: la cosa mi procurò anche parecchie notti di insonnia»;

«...era inquadrare i ragazzi in un discorso di valutazione su una scheda. Ho trovato grosse difficoltà a farlo in uno spazio così ristretto, sia che si trattasse di mettere un giudizio, sia poi di assegnare delle lettere; non riuscivo a fare rientrare mai tutto quello che avrei voluto, i vari aspetti di una persona. Un conto é avere tanti voti o giudizi relativi ad esercizi, un conto é dare una valutazione globale al ragazzino».

Infine torna il problema della solitudine, della mancanza di confronto e di collaborazione:

«... essere spesso solo a dover risolvere tanti problemi, basandomi solo sul buon senso e sull'improvvisazione»;

«... la mia impreparazione, l'ignoranza di fronte agli studenti, l'impossibilità di aggiornarmi seriamente, l'impossibilità di confrontare le mie conoscenze con quelle altrui, la difficoltà ad ampliare le conoscenze nuove necessarie, la più completa ignoranza sulla psicologia e sulla didattica e la sensazione di fare errori e causare danni senza essere in grado di rimediare»;

Capita anche che l'edificio in cui ci si è trovati a lavorare sia deprimente e costituisca una caratteristica sgradevole e scoraggiante per lo svolgimento dell'attività didattica. Queste testimonianze per tutte:

«... deprimenti mi apparvero l'ambiente e i corridoi (tipo caserma)»;

«... prima di tutto la scuola nella sua struttura muraria, perché era brutta, piccola... mi facevano pena questi ragazzini...era brutta, piccola ed era una parte di un appartamento. Era spoglia... mi ricordo che mi piaceva fare dei cartelloni con loro, che magari c'entravano anche poco, però... dovevano abbellirla, perché proprio mi sembrava un ambiente così squallido, non colorato... insomma come si fa a undici anni a non avere dei colori attorno... quindi: terribile».

Il rapporto con i colleghi

Risultano ancora scoraggianti e deprimenti alcuni aspetti dell'ambiente scolastico, relativi sia ai rapporti con colleghi e presidi sia ai limiti burocratici e strutturali della scuola. Ad esempio troviamo questa osservazione:

«... deprimenti i confronti con la rigidità, con le incontrovertibili certezze, con l'indisponibilità al confronto sia di qualche collega, rigorosamente, noiosamente snob, sia dell'Istituzione».

Il rapporto coi colleghi si presenta sotto un duplice aspetto: da una parte c'è chi trovava estremamente scoraggiante lavorare con colleghi con cui sentiva di condividere ben poco perché si parlavano linguaggi diversi o perché erano persone prive di curiosità e di voglia di cambiare. Ma, dall'altra parte, c'è poi chi si sentiva lasciato solo da colleghi troppo spesso gelosi della propria esperienza e abilità, oppure avvertiva la mancanza di fiducia nei propri confronti o addirittura un atteggiamento di scarsa disponibilità ad interagire con una persona nuova e inesperta.

Riportiamo a titolo di esempio alcuni ricordi:

«...ho cercato di forzare la mia natura di persona tranquilla per acquistare "grinta" e determinazione per farmi rispettare dai colleghi»;

«... la determinazione di alcuni di mettermi in difficoltà»;

«...mi è sembrata subito deprimente una certa parte di docenti dedita al "lamento continuo"».

Il rapporto con l'istituzione

La struttura e gli aspetti burocratici della scuola sono stati infine per diversi insegnanti fonte di scoraggiamento e vengono frequentemente indicati con frasi lapidarie, ma molto pregnanti che definiscono tutti i vari adempimenti, compreso il rapporto con la dirigenza, come deprimenti.

Alcuni esplicitano le diverse facce della burocrazia che più hanno turbato l'apprendistato degli insegnanti:

«... scoprire che nella scuola era importante soprattutto la quantità (intesa come numero di compiti, di interrogazioni, di fogli inutili da riempire ed anche di un numero di alunni per classe da gestire - fino a 29) e non lo era altrettanto la qualità, anche se si voleva far credere il contrario»;

«... la confusione di organizzazione, di idee, di progetti, la sproporzione fra gli obiettivi e le possibilità concrete di realizzarli soprattutto in termini di tempo»;

«... la compilazione del registro personale: nessuno mi aveva mai spiegato prima in che cosa consistesse»;

«... non mi andava la burocrazia (invero allora alquanto contenuta rispetto all'orgia che se ne fece poi), la quale imponeva, ad esem-

pio, la compilazione dei famosi (o famigerati) libretti con esteso giudizio finale. Trovavo scandaloso che "esseri", a mio parere, indegni potessero avere posti di responsabilità nel settore educativo. Non avevo ancora abbastanza esperienza per sapere che, quella che mi sembrava una anomalia, era invece una norma».

3. I momenti difficili

Sono pochi, solo sette, gli insegnanti che a questa sollecitazione hanno risposto di non aver avuto momenti difficili; in particolare uno di essi ci dice che il contesto politico-culturale del periodo in cui ha iniziato lo ha aiutato, stimolandolo alla lettura e alla riflessione personale:

«... il rapporto con le famiglie era abbastanza buono, avevano fiducia nel docente che "accompagnava" i ragazzi... In ambito generale si assisteva a un cambiamento: erano gli anni '68-'69-'70, sono stati i miei primi anni... anni in cui si cominciava a riflettere sul senso da dare al proprio insegnamento, si leggeva "Lettera a una professoressa", era un momento di riflessione che ognuno gestiva a livello personale con letture, ecc. ... cercando di capire i cambiamenti che succedevano».

Le difficoltà

In generale, non troviamo quasi mai la descrizione del tipo di difficoltà incontrata, tranne in alcuni casi, di cui riportiamo gli esempi, per lo più riferiti al momento della valutazione:

«... ricordo l'insicurezza tipica delle prime esperienze: "Andrà bene così? È questo l'approccio giusto?". Ciò soprattutto al momento della valutazione e dei giudizi»;

«...e poi subentra anche la paura... pratica: cosa faccio? Ho un programma...non c'erano le programmazioni, ognuno lavorava per conto suo, però il programma era da fare. Come lo faccio? Come faccio a farmi capire? Come faccio a valutare? C'erano ancora i voti. Però era grave. Come valuti? Sa o non sa? Allora, gli do 6 o gli do 5? 5, però, voleva dire bocciatura (Si bocciava allora, alla grande, si andava anche a settembre)...oppure valuto il famoso passettino: si é mosso, mi

ha dato, non mi ha dato. E allora, io feci così: scelsi di valutare il famoso passettino, con grossa crisi, perché mica tutti erano d'accordo: io ero proprio la più giovane, l'ultima del consiglio di classe, però ci credevo, in questo sono un po' testarda. Se ci credo vado avanti, voglio sbagliare per conto mio»;

«... con i colleghi c'erano difficoltà di valutazione sui ragazzi, giochi di forze sia nel consiglio di classe sia nel collegio, perché allora erano anni in cui il collegio durava fino alle otto di sera e si litigava. Questo sì. Difficoltà anche di insegnamento: l'esigenza di rinnovarsi, la insoddisfazione di fare delle cose nelle quali poi fino in fondo non credevi, un insegnamento che vedevi poco produttivo; forse poi neanche il coraggio di buttarsi in sperimentazioni folli; oppure questi input che ti arrivavano dall'esterno, mai filtrati, ma sempre da sperimentare a livello personale».

Altri esempi si riferiscono ad aspetti diversi:

«...i momenti difficili li ricordo legati alla didattica, oppure a situazioni specifiche... proprio il primo anno, forse, in cui non sapevo rispondere e non me la sapevo neanche cavare... allora il problema era psicologico legato all'incertezza e all'insicurezza in una situazione nuova... era la costruzione della sicurezza che andava elaborata»;

«...fare l'orario»;

«... i momenti difficili sono stati spesso legati agli spostamenti di sede che richiedevano un ricominciare da capo»;

«...tragici gli esami di idoneità [scuola privata], studenti con scarsissima preparazione che dovevano essere promossi per una sorta di "scambio" tra scuole».

La ricerca di soluzioni

In circa metà delle risposte prevale l'affermazione che i momenti difficili sono stati affrontati in totale solitudine:

«... mi sono sentita isolata e frustrata nella mia voglia di fare, spesso incoraggiata a lasciar perdere le idee innovative e a riproporre la routine».

A conferma, ci sembra interessante riportare alla rinfusa alcune delle espressioni che abbiamo trovato significative del modo estremamente individualizzato di affrontare, cercare di risolvere e superare i problemi:

«rimboccandomi le maniche», «studiando», «con l'autocritica», «adottando nuove strategie», «pensando che erano inevitabili», «col mio entusiasmo», «trovando in me stessa la voglia di continuare», «rimettendomi sempre in discussione nei confronti dei ragazzi e della materia», «combattendo», «con grinta», «stringendo i denti», «con caparbietà», «cambiando il mio modo di pormi», «lavorando di più», «cercando qualcosa che li spiazzasse», «con la voglia di vincere», «con coraggio e volontà di andare sempre avanti», «dicendo quello che pensavo e difendendo ciò di cui ero convinta», « con la voglia di vincere, mostrando entusiasmo», «con determinazione e un po' di cocciutaggine», «arrangiandomi», «con infinita pazienza», «con il tempo, sopportando», «cercando motivazioni interiori», «appellandomi al senso del dovere», «solo con me stesso vincendo tutte le difficoltà con molta energia e fermezza», «con ottimismo e senso del dovere», «organizzando meglio la materia», «rileggendo Don Milani».

Altre espressioni descrivono in modo più analitico le strategie individuali con le quali gli insegnanti ricordano di aver affrontato i momenti di crisi; esse ci dicono molto di più sulle reali difficoltà e sull'isolamento in cui i docenti allora si trovavano ad operare. Di fronte a questa situazione, pare che per molti non ci sia stata altra strategia se non quella di fare appello alle proprie risorse individuali, attraverso una riflessione su di sé e sul proprio operato, come forma di autoanalisi. C'è chi ha capito che doveva cambiare il tipo di scuola, c'è chi ha cercato di trovare strategie per sopravvivere in situazioni ed ambienti diversi, dibattendosi tra posizioni coraggiose e compromessi. Altri ancora hanno affrontato le difficoltà o contando solo sulla «ferrea volontà» di dover riuscire a tutti i costi o vivendo l'impegno scolastico quasi come una vocazione, come ci dice con intensità questa giovane insegnante:

«... ho affrontato i momenti difficili con un sentimento che era molto vicino alla fede religiosa, per vocazione credo; non so se è dovuto al mio DNA perché ho tanti parenti missionari o alla mia forma-

zione legata all'esperienza scout. Credo di farlo non per me ma per l'altro».

Solo in alcuni casi le soluzioni ai problemi da affrontare sono state ricercate nel confronto con colleghi, e in particolare con quelli del consiglio di classe, con cui si è discusso apertamente trovando in questo modo solidarietà e appoggio; si tratta soprattutto di colleghi amici, spesso coetanei.

Qualcuno infine dice:

«... ho tentato di mettermi nei panni degli alunni, valutando le situazioni dal loro punto di vista e cercando in tale modo di trovare la soluzione più adatta assieme a loro».

Una descrizione a nostro parere efficace delle difficoltà iniziali che un insegnante può incontrare con una classe (in questo caso una prima media) e delle strategie che possono venire utilizzate é quella di una giovane docente precaria:

«... la difficoltà é stata quella di vedere tanti bambini, ciascuno con un problema serio, diverso, e il timore di non avere abbastanza energia, forza per affrontarli tutti. Poi, pian piano, ho visto che in qualche modo, molto faticosamente, e lì veramente con l'aiuto di questi colleghi molto bravi, ho visto che riuscivo a fare presa, vuoi col rapporto fisico, cioè la carezza, la pacca, la mano, vuoi con una serie di strategie che abbiamo provato a mettere in atto (filmati, discussioni, questionari, ecc.). Ci ha aiutato molto fare con i ragazzi degli esercizi di scrittura per aiutarli a tirare fuori le loro cose».

Ma c'è anche chi di fronte a problemi, sentiti come troppo coinvolgenti sul piano personale, ha reagito *«procurandosi la gastrite, la colite e fenomeni ansiosi», ma anche «... concentrandosi su altro, pensando che la scuola in fondo era solo un lavoro».*

Infine c'è chi addirittura *«ha abbandonato la supplenza al momento di compilare il registro alla fine del quadrimestre».*

4. L'aiuto

I colleghi

Riflettendo sull'aiuto ricevuto nei momenti di difficoltà in generale gli insegnanti hanno chiarito o ampliato quanto già detto nella risposta precedente.

Essi infatti nei momenti di difficoltà per la maggior parte hanno trovato aiuto nei colleghi incontrati nella scuola e in ambienti di formazione (M.C.E., CDE, corsi di aggiornamento ...) .

Questo è quello che ci testimoniano nelle autointerviste:

«... l'aiuto più importante mi è sicuramente venuto dal confronto con i colleghi più esperti ed anche con le amiche appena laureate come me che stavano vivendo le mie stesse esperienze; ogni volta che ci incontravamo finivamo per parlare sempre e solo di scuola»;

«... con l'aiuto dei colleghi più anziani della mia materia che mi hanno dato consigli didattici e dei colleghi coetanei di materie anche diverse con cui ho ricercato nuove strategie di approccio metodologico, ho condiviso la crescita culturale personale e ho studiato approcci più problematici a concetti e temi trasversali»;

«... dentro la scuola mi hanno aiutata i colleghi che mi hanno dato consigli, suggerito letture, libri, che mi hanno coinvolta in iniziative, in corsi di aggiornamento, in incontri culturali»;

«... dal direttore didattico, da qualche insegnante anziano, dall'associazionismo degli insegnanti (MCE)»;

«... poi sono serviti molto i corsi di aggiornamento, di didattica... lì finalmente potevi trovare quello che ti serviva per insegnare».

C'è infine chi ha trovato aiuto nel ricordo di alcuni vecchi insegnanti che sono stati i primi modelli.

Per gli insegnanti delle superiori trovare un aiuto nelle situazioni di difficoltà e una collaborazione didattica o pedagogica da parte dei colleghi sembra essere abbastanza difficile, forse a causa delle forme organizzative della scuola che non prevedono, a differenza della scuola media, attività di programmazione collegiale e non favoriscono momenti di incontro tra i docenti. A questo proposito riportiamo due testimonianze significative:

«... le difficoltà coi colleghi stanno nel fatto che i rapporti non esistono se non occasionalmente e per qualche caso fortunato; i rapporti buoni o costruttivi io li ho trovati qualche volta, magari in un rapporto individuale, però, come gruppo (consiglio di classe), mi é successo forse solo una volta o due... io credo che non esista un minimo comune denominatore tra gli insegnanti che consenta di fare assieme quel mestiere dignitosamente. Questo fa sì che o ci si ignora oppure ciascuno fa il suo mestiere punto e basta e che l'attività del consiglio di classe è un'attività che non si sa fare perché ciascuno ha un proprio orientamento...»;

«... Non c'era niente da fare. Non c'era una grossa collaborazione, anche perché alle superiori la struttura stessa non prevede grandi momenti di confronto, gli insegnanti vanno via ciascuno per conto suo».

Nessuno

Per gli insegnanti delle medie trovare un aiuto alle origini è stato possibile, come già detto; ciò non toglie che per un buon numero di essi ciò non sia successo. In questi casi ricorre frequentemente ripetuto più volte il termine «nessuno», a volte sottolineato, a volte seguito da un punto esclamativo che ci sembra la risonanza di un'eco di solitudine e di abbandono nel vissuto professionale degli inizi.

Gli studenti

Molto importante è stato invece per alcuni l'aiuto degli studenti per risolvere le proprie difficoltà:

«... soprattutto dagli studenti che mi mostravano la loro fiducia e apprezzavano il mio lavoro collaborando e corrispondendo alle mie aspettative»;

«... nel rapporto con i ragazzi, nel rendermi conto che quello che facevo era importante per loro»;

«... soprattutto l'ottimo rapporto che ho sempre stabilito con gli alunni».

I presidi

Per un numero, a dire il vero esiguo, di insegnanti, anche i presidi sono stati un sostegno agli inizi della carriera. Il loro intervento è stato fondamentalmente di due tipi: quello tecnico burocratico (registri, verbali, scadenze, ecc.), e quello relazionale didattico.

Sono entrambi documentati dalle seguenti testimonianze:

«... l'aiuto mi è venuto dal preside, il primo anno, che mi insegnò i dettagli tecnici (verbali, registro...)»;

«... un dirigente scolastico molto capace dal punto di vista organizzativo e propositivo sul piano educativo-didattico»;

«... anche da un preside che riusciva a trasmettere la forza delle sue certezze e stimolava sempre alla positività».

La famiglia, gli amici

Ma c'è chi ha trovato aiuto al di fuori della scuola per superare i momenti difficili: la famiglia (mamma e papà) sembra essere il riferimento naturale, soprattutto quando uno dei familiari è stato insegnante:

«... No, non mi ha mai aiutato nessuno, ho sempre risolto i problemi da sola, anzi, qualche volta parlavo con mia madre, questo sì, perché mia madre ha un'esperienza notevole come maestra»;

«...parlando con i miei genitori, professori a loro volta».

All'esterno dell'ambiente scolastico e dei colleghi anche gli amici, come la famiglia, hanno offerto un appoggio soprattutto di tipo psicologico e morale:

«... non ho trovato nessun tipo di aiuto nella scuola, bensì negli amici e nei familiari che mi hanno sempre incoraggiata nei momenti difficili»;

«... l'unico aiuto concreto l'ho trovato fuori dalla scuola da parte di un amico che mi ha incoraggiata ad accrescere l'autostima e a reagire positivamente».

Seconda Parte

TRA IERI E OGGI: PASSIONI, AIUTO E CRITICA

1. La passione delle origini

■ Gli apocalittici

Ci pare opportuno premettere che nelle autointerviste l'esistenza di una «passione delle origini» veniva data quasi per scontata dalla formulazione stessa della domanda, mentre non tutti gli insegnanti hanno iniziato con una vera passione per questo lavoro e ciò risulta chiaramente dalle risposte ai colloqui registrati, nei quali è più facile seguire un percorso di vita e di crescita nel lavoro.

Comunque nell' analisi delle storie abbiamo distinto tra chi oggi *la passione pensa di non averla più*, chi pensa di *averla mantenuta intatta* e chi invece ritiene che essa *non sia scomparsa*, ma si sia *trasformata* in qualcosa di diverso.

Chi non ha più passione motiva il suo stato con frasi come:

«...della passione delle origini mi resta molto poco perché tante sono state le disillusioni»; oppure:

«Non ce l'ho più perché mi sento inutile, fuori tempo».

Qualcuno dice:

«Non ho più l'età per le passioni e sento la scuola abbandonata dalle istituzioni»;

e c'è chi addirittura afferma che :

«...non resta quasi niente perché in 26 anni penso di aver assistito alla distruzione sistematica della scuola».

Nonostante queste affermazioni così «apocalittiche» e che rivelano un progressivo scollamento tra il proprio personale modo di intendere la scuola e le trasformazioni che essa ha subito nel corso degli anni, parecchi invece ritengono di aver mantenuto la stessa passione che avevano alle origini o che essa sia sempre molta.

■ *Gli irriducibili*

Infatti accanto a chi in modo assai sintetico afferma che essa è sempre la stessa, che nulla è cambiato o che molto ancora resta del vecchio, troviamo chi motiva più ampiamente il proprio pensiero:

«Tutto resta della passione delle origini perché sono maturato grazie all'aiuto di persone che con chiarezza mi hanno fatto capire il valore della scuola e del ruolo dell'insegnante. Mi è rimasta la passione di educare, di formare, di dialogare con gli alunni, di ascoltarli, di accettare la diversità.»

Anche se c'è chi fa qualche precisazione dicendo che la passione di insegnare è rimasta la stessa ma è diventato molto più faticoso il lavoro dell'insegnante, per la stragrande maggioranza degli intervistati (140 su 165) la passione delle origini si è trasformata nel tempo: sia perché è diventata più matura ed equilibrata, sia perché ha assunto nuove connotazioni, valenze diverse, ma pur sempre positive.

Rientra nel primo gruppo chi dichiara:

«Io credo di averla ancora la passione, una passione che però ha gli occhi ben aperti, che non ha niente a che vedere con i sogni dell'inizio».

Questa insegnante di scuola media chiarisce in modo più ampio il suo percorso:

«Mi resta tutto e di più. Nel senso che tutti i giorni è una sfida con me stessa, sia nell'insegnamento puro della lingua, sia perché ogni anno incosciamente mi propongo d'insegnare sempre meglio e nel minor tempo possibile e poi contemporaneamente mi piace dare dei messaggi educativi. Questa è per me la motivazione fondamentale per poter insegnare. La passione dell'insegnamento c'è tutta; diciamo che nel passato mi era meno chiara, prima c'era soltanto un grande entusiasmo, di una cosa bella, inconsapevole, che non aveva contorni, invece adesso è più chiara l'idea di che cosa sia: penso che sia tra i lavori più belli che ci possono essere.»

Ma più spesso essa diventa qualcosa di un po' diverso che ha a che fare soprattutto con il rapporto con gli alunni che restano il centro di ogni interesse, un interesse però più consapevole. Lo testimoniano parecchie affermazioni tra cui:

«Mi resta il piacere di insegnare, di veder "crescere i ragazzi»;

«Resta vivo il desiderio di aiutare i ragazzi, farmeli amici per lavorare insieme e per provare, studiando, emozioni nuove insieme»;

«Mi resta la voglia di comunicare con entusiasmo le mie passioni e la mia convinzione nella necessità di fornire metodo ed anche valori umani, non solo conoscenze e competenze».

A volte il desiderio di relazionarsi con gli alunni è così forte da sconfinare nell'isolamento:

«Vado a scuola solo perché ci sono loro, altrimenti non ci andrei. Ho sempre più voglia di stare chiusa nella mia classe».

Oltre alla capacità di stabilire rapporti positivi con i ragazzi, comunicare con loro ed aiutarli a crescere, la passione delle origini è diventata anche soddisfazione di trasmettere strumenti culturali, maggiore professionalità, amore per la propria materia, voglia di sperimentare nuovi metodi e stimoli diversi. Infatti dicono alcuni intervistati:

«Mi è rimasta la voglia di trasmettere la passione per la mia materia»; «Rispetto alla passione delle origini, penso di avere acquisito molta più professionalità e capacità di progettazione»;

«Resta la passione di ricercare strategie coinvolgenti».

Possiamo comunque osservare che il termine «passione» da molti viene sostituito da «piacere», «entusiasmo», «voglia«, «curiosità», parole che presentano connotazioni meno emotive, come dichiara esplicitamente questo insegnante:

«Nessuna passione, che richiede un'altra età, interessi sì; nulla di emotivo, solamente la convinzione razionale».

Complessivamente, rispetto alle origini, pochi sono coloro che trovano ancora passione nella scuola attraverso un rapporto di collaborazione con i colleghi, che è stato sicuramente più forte all'inizio, e che dichiarano di avere ancora voglia di confrontarsi con loro, di costruire assieme le occasioni migliori di crescita e di apprendimento per i ragazzi.

■ *Gli invecchiati*

Bisogna però riconoscere che, se per molti il rapporto con la classe, con i giovani è determinante, ci sono anche quelli che, arrivati ad una certa anzianità d'insegnamento, non vivono più questo rapporto in modo così idilliaco. Dalla passione di confondersi con loro ed in loro qualcuno è passato alla passione di distinguersi da loro perché si sente diverso, più distante dai ragazzi e la differenza d'età ha modificato la comunicazione tra generazioni, anche se può restare immutato il fascino della conoscenza e della sua trasmissione:

«Della passione delle origini mi resta molto, ma è anche più difficoltoso, perché i salti tra le generazioni ormai sono così ravvicinati ed è un mondo, quello in cui vivono oggi i ragazzini, così diverso da quello mio, dei miei primi anni d'insegnamento. È difficile perché questi sono i ragazzini che parlano per slogan (e io non l'accetto), non leggono più un testo (e questo mi intristisce), non leggono più neanche i fumetti. Sono i figli della televisione e ti parlano appunto con gli slogan, le frasi fatte che sentono in TV. Ci ho messo un mese a capire cosa mi volevano dire con la parola «aiutino», fino a che non ho scoperto che lo dicono abitualmente in una trasmissione televisiva. Però mi piace ancora molto.»

Dice, in maniera ancora più esplicita, un insegnante di un istituto tecnico, con 24 anni di insegnamento:

«Della passione iniziale mi è rimasta la voglia di insegnare, perché ormai ho raggiunto un buon livello di insegnamento; ma è rimasta solo questa perché mi ritrovo a non aver più voglia di gestire gli stessi problemi, proprio nel rapporto con i ragazzi. I ragazzini hanno sempre gli stessi problemi, pur essendo diversi, e questo mi è venuto sinceramente a noia. Ultimamente ho notato che i ragazzi sono sempre più infantili rispetto a qualche anno fa. Hanno più conoscenza, all'apparenza, ma «sanno» meno cose, hanno meno capacità di astrazione, sono meno riflessivi, guardano tutto come se fosse una grande televisione, un grande schermo.»

Ma che cosa ha prodotto questo cambiamento nel tempo? Spesso la trasformazione della passione iniziale coincide con una forma di ripiegamento, di stanchezza, di difficoltà a distaccarsi dal mondo in cui si è iniziato. Ce lo testimoniano le parole di questa insegnante intervistata sulla soglia della pensione:

«Della passione delle origini non è rimasto niente...sono rimasti dei ricordi stupendi di ciò che è stato e che non è più...e questo proprio per demotivazione totale: troppa burocrazia, poca sostanza, ragazzi demotivati, non riesci a trasmettere un valore, figuriamoci se riesci a trasmettere delle conoscenze, che sono anche da memorizzare ...è stato un giorno di novembre...mi sono alzata dicendo: 'Basta, io ho creduto in un mito, sono trent'anni che credo in un mito, il mito si rivela per quello che è...basta, io non voglio più andare a scuola...' È andata proprio così, che tristezza però!».

■ *I consapevoli realisti*

In contrasto con con un atteggiamento così negativo, troviamo invece posizioni più equilibrate, che sono complessivamente prevalenti, come quella di questa insegnante di scuola media, che dopo 26 anni di lavoro, ci dice:

«La passione si è gradualmente formata. Prima l'avevo in astratto, come idea e inoltre le prime esperienze non avevano fatto scattare questa molla. Ma soprattutto credo di sapere cosa sto facendo. E all'inizio lo sapevo poco. Adesso so distinguere molto bene che cosa mi piace e mi appassiona, che cosa mi gratifica e mi dà soddisfazione, e che cosa invece considero proprio un peso, non mi interessa per niente, eppure fa parte della scuola. E quindi è da sopportare quotidianamente.»

2. Le passioni strada facendo

Dalle storie di vita professionale emerge il fatto che la maggior parte degli insegnanti ha alimentato **nuove passioni** nel corso della propria carriera. Abbiamo cercato di categorizzare in qualche modo il materiale raccolto, suddividendo le passioni tra quelle che hanno a che fare con l'ambito scolastico e quelle che ne sono al di fuori.

■ *La didattica sperimentale*

Le passioni nate all'interno della scuola sono le più numerose e sono soprattutto legate alla metodologia e alla sperimentazione didattica. Probabilmente continuando a fare questo lavoro, se non si perde del tutto la passione, un insegnante non può fare a meno di approfondire le proprie strategie e chiedersi in che modo ottenere risultati più efficaci, come ci testimoniano questi insegnanti:

«Resta la passione di ricercare strategie coinvolgenti»;

«Sono nate in me anche altre passioni, come quella per la lettura e la ricerca di filmati o interventi che siano più convincenti di un testo»;

«Mi piace molto usare le mappe concettuali e provarle ad insegnare ai ragazzi...».

■ *Tra innovazione e relazione*

Oltre all'approfondimento della propria materia, poi, si nota un forte interesse per tutti quegli elementi che hanno a che fare con la nuova professionalità docente: da un lato c'è l'ambito legato alle tematiche adolescenziali e alla relazione di apprendimento, che si intersecano con la prima passione «altra» che è stata evidenziata, dall'altro l'interesse per ciò che riguarda la struttura (organizzazione scolastica, alunni H), l'uso di nuovi strumenti (tecnologie informatiche e multimediali) e l'apertura sul sociale (confronto con altre realtà educative).

Questo è ciò che ci raccontano alcuni docenti:

«L'unica passione che ho sono i ragazzi difficili, con problemi famigliari, emarginati...»;

«Ho sviluppato il piacere della ricerca e di apprendere sempre cose nuove insieme con gli alunni...»;

«Mi sono sempre più appassionato alla cura della relazione»;

«Sempre più cerco di essere il meno possibile scoperto su problematiche che i giovani chiedono di affrontare...»;

«Alla passione dlle origini si è aggiunta la voglia di approfondire e sperimenare direttamente le discipline d'insegnamento...»;

«Frequentando corsi d'aggiornamento mi è cvenuta voglia di introdurre nuovi temi e nuovi argomenti...»;

«Un'altra passione che è nata in me è quella per il computer come strumento di lavoro...»

■ *Oltre la scuola*

Per quanto riguarda le passioni nate al di fuori della scuola, spicca l'interesse per il potenziamento delle conoscenze culturali, che in qualche modo ha comunque ricadute sulla scuola, e il viaggiare che è sempre esperienza di arricchimento personale e trasferibile nel lavoro, insieme all'apprendimento delle lingue, come ci dice questa insegnante:

«Mi appassiona allargare i confini della mia materia per inserire altri elementi...».

In particolare ci sono due passioni ricorrenti: la scrittura e la lettura.

«In questi ultimi anni mi sono appassionata alla scrittura... scrivere ed insegnare a scrivere in quest'epoca in cui la scrittura pare che non sia più molto di moda».

■ *La cura di sé*

Qualcuno ha scelto di dedicare più tempo a se stesso o ad attività del tutto alternative (lavori manuali e lavori creativi: giardinaggio, bonsai, ricamo, pittura...) o ad altre svariate attività che è difficile ricondurre a precise categorie (medicina naturale, grafologia, telematica, musica, pianoforte, psicologia, arte...). Si desidera occuparsi di più di se stessi perché si sente il bisogno di trovare spazi di rilassamento e di ricostruzione di quelle energie che un lavoro di continua relazione può a volte ricaricare, ma a volte davvero consumare.

Non manca poi chi ha scelto la famiglia come destinatario del proprio impegno e tempo extrascolastico, perché col tempo essa è venuta ad occupare il primo posto nella scala dei valori della persona e non si è più disposti a fare sacrifici come quelli fatti all'inizio della carriera.

A volte l'interesse per la famiglia si coniuga con quello per la scuola, soprattutto in ambito educativo:

«In questi anni non sono nate in me passioni particolari, se non il

desiderio di migliorare la qualità della scuola per poter offrire a mia figlia e alle future generazioni una scuola che non dia solo conoscenze, ma dia soprattutto corretti modelli di comportamento...»

■ *Gli abulici*

Infine non va trascurato il fatto che quasi un terzo degli intervistati o non si esprime su questa domanda o dichiara di non aver maturato nessun altra passione, né dentro né fuori della scuola:

«Nessun altra passione è nata in me nel corso di questi anni perché, giunti ad una certa età, è già molto riuscire a mantenere in vita gli antichi interessi...»;

«Non ho altre passioni che abbiano relazione con la scuola, io vado a scuola perché c'è la classe, non per altro motivo...»;

«Non sono nate in me nuove passioni, perché tanto è inutile impegnarsi, i ragazzi studiano meno e vogliono ugualmente andare bene...».

3. *L'aiuto ieri e oggi*

Nell'analizzare le storie, la prima considerazione che salta agli occhi riguarda il confronto tra la situazione dell'oggi e quella della origini e, in particolare, il fatto che il numero di coloro che sentono oggi di non avere alcun aiuto è praticamente raddoppiato rispetto al passato. Molti intervistati si limitano a segnalare la «non esistenza» di aiuti attraverso dei laconici *«nessuno»*, oppure lasciando in bianco la risposta.

■ *I nostalgici*

C'è chi si sofferma, e puntualizza in maniera critica, questo cambiamento. Come un' insegnante di scuola media che dichiara, con una punta di nostalgia:

«...C'era un bel clima tra noi insegnanti giovani,... ci si aiutava tanto... si parlava... si sognava. Nessuno in questo momento mi sta aiutando; mi aiuta solo la convinzione che il mio lavoro sia importante, molto importante...».

Se ne ricava quindi una sensazione di maggiore isolamento, che ci pare si verifichi soprattutto alle scuole superiori, dove c'è chi dichiara:

«Oggi non mi aiuta più nessuno, rimangono solo scambi di vedute con alcuni colleghi».

Però anche alla scuola media abbiamo testimonianze di «aiuto con riserva», come dice quest'insegnante:

«... di matematica abbiamo un gruppo che funziona abbastanza, siamo abbastanza affiatate, però è comunque difficile lavorare davvero insieme, trovare un'amalgama, perché abbiamo formazioni diverse...».

Più esplicita è l'affermazione di chi dà anche una sua spiegazione della situazione:

«... attualmente non mi aiuta nessuno in quanto vedo attorno a me molta passività e apatia e, a creare tale atteggiamento, sono sicuramente gli stipendi, troppo bassi».

■ *Gli autosufficienti soddisfatti*

Ma, per alcuni, lavorare da soli è quasi una conquista, una crescita in autonomia, come sostengono coloro che dicono di essere al momento presente in grado di affrontare le difficoltà prevalentemente da soli. Costoro si sono resi conto, con l'esperienza, che nulla è insuperabile e che quindi si ritengono autosufficienti, capaci di contare solo su se stessi, aiutati magari dall'ottimismo della volontà e dalle loro conoscenze culturali.

In stretta correlazione con queste affermazioni, ritornando al confronto delle storie di oggi con quelle delle origini, si nota subito il dimezzamento del numero degli insegnanti che dichiarano di ricevere aiuto dai colleghi, anche se essi restano il punto di riferimento più importante, coloro che maggiormente sostengono nelle difficoltà. Le dichiarazioni a questo proposito sono numerose, però tendono a specificare che l'aiuto non viene da tutti ma da quei colleghi con cui si è in particolare sintonia, con cui si lavora assieme da anni, dai colleghi qualificati da qualcuno come:

«più motivati e meno frustrati», da «colleghi-amici» con i quali

«avere relazioni importanti: affetto, stima, simpatia» e con cui avere « un confronto » concreto e non fumoso».

■ *Le consolazioni familiari*

Un certo calo si nota anche nell'aiuto dato dalla famiglia che, alle origini, era più presente sia come sostegno morale che come sostegno economico; oggi la famiglia è fondamentalmente rifugio dalle frustrazioni della professione e compensazione affettiva, come dichiara un'insegnante, dopo 26 anni di scuola:

«Trovo ancora aiuto nei colleghi, ma anche nei familiari; infatti ho sempre più voglia di passare più tempo in famiglia perché è così che mi sento più realizzata».

La famiglia è a volte presente anche come momento di confronto professionale, se la coppia fa lo stesso lavoro (situazione non inusuale):

«Trovo aiuto in mio marito sia per quanto riguarda l'approfondimento della materia, sia per i consigli ed il confronto di idee ».

■ *La risorsa formazione*

Un notevole incremento possiamo invece rilevarlo nell'aiuto che i docenti ricevono da Associazioni culturali, organizzazioni preposte alla formazione e corsi di aggiornamento in genere. Nel corso degli ultimi anni l'offerta formativa è molto aumentata e corsi ed iniziative di ogni genere si sono moltiplicati e sicuramente c'è chi dall' aggiornamento organizzato pensa di avere tratto aiuti concreti, come coloro che dicono:

«Frequento la Facoltà di psicologia a Padova, dove trovo aiuto e possibilità di confronto; cerco anche di frequentare ancora corsi di aggiornamento e di non trascurare ogni occasione di crescita personale»;

oppure, combinando più forme di aiuto:

«Dentro la scuola mi hanno aiutata i colleghi che mi hanno dato consigli, suggerito letture, libri, che mi hanno coinvolta in iniziative, in corsi di aggiornamento, in incontri culturali».

I capi d'istituto assenti

I presidi e i direttori didattici, che alle origini erano stati un punto di sostegno di una qualche importanza, oggi hanno un ruolo quasi inesistente, mentre mantengono una posizione stabile, anche se non di particolare rilevanza, gli alunni che danno, in qualche modo, quella carica umana di cui pare gli insegnanti sentano davvero il bisogno.

I ragazzi soprattutto

Dice un insegnante che è nella scuola media da 28 anni:

«Mi ha aiutato soprattutto l'ottimo rapporto che ho sempre stabilito con gli alunni, che rimane ancora oggi la vera ragione che mi aiuta a continuare ad insegnare con piacere, con l'entusiasmo di chi sente la responsabilità e l'impegno di rispondere alle attese dei ragazzi».

Ma c'è anche chi, più sinteticamente, esprime lo stesso concetto dicendo:

«Non ho mai desiderato e non desidero neanche oggi saltare una lezione, mi appassiona fare con i ragazzi esperienze diverse; è il loro « Buongiorno proffff...» che mi aiuta giorno dopo giorno».

4. Per una scuola migliore

Chiedere alla fine di ogni intervista di quantificare ciò che nella scuola si dovrebbe eliminare per renderla un luogo in cui crescere meglio insieme, doveva servire a saggiare in modo più «concreto» i bisogni, i desideri degli insegnanti. La quantità di risposte ricavate non è sempre stata facile da analizzare perché la loro diversità, particolarità, a volte originalità non erano facilmente riconducibili a tematiche comuni generali. Comunque complessivamente possiamo dire che le risposte sono state essenzialmente di quattro tipi: alcune relative a ciò che si vorrebbe eliminare; altre che affiancano all'aspetto da eliminare una motivazione più o meno adeguata; altre ancora che, piuttosto che eliminare qualcosa fanno proposte di cambiamento; infine altre, che individuano problemi la cui soluzione resta del tutto aperta.

■ *La rigidità del sistema scolastico*

Elemento fondamentale che viene messo in discussione dalla quasi totalità degli intervistati è la rigidità del sistema scolastico e dei suoi aspetti organizzativi, legati a programmi, orari, numero di alunni e suddivisione delle classi, organizzazione delle materie, aspetti della didattica e rapporto con la dirigenza.

Queste sono alcune delle testimonianze raccolte:

«Eliminerei gli orari troppo rigidi: se vedo l'orario dal punto di vista di un ragazzino di 12 anni lo trovo inaccettabile, non è possibile tenerli seduti per cinque ore, io almeno mi sposto da una classe all'altra...»;

«... i miei sforzi si scontrano con la rigidità dell'orario... mi sforzo di rendere la scuola media ogni anno più operativa, ma in alcuni momenti la rigidità della struttura rischia di soffocare...»;

«... organizzare in maniera diversa il rapporto, lo spazio da dedicare ai ragazzi, quindi tornare a un numero minore di alunni per classe e a un maggior numero di ore per classe, in modo da poter dare un senso al lavoro, perché non sia una corsa continua...»;

«... troppi saperi, troppe nozioni che finiscono per non essere assimilate e creano solo frustrazione e confusione...»;

«Eliminerei i presidi... che non hanno in genere una preparazione adeguata, che spesso sono ex insegnanti portati a fare un compito che non è il loro...»;

«Eliminerei il potere autoritario di presidi inefficienti...».

■ *La burocrazia*

La parola burocrazia sembra focalizzare l'attenzione della stragrande maggioranza degli intervistati che in essa identificano *il male*: le pastoie burocratiche per l'utilizzo di strutture e strumenti, le rigide norme che impongono ogni tipo di registrazione, il rischio di fare programmazioni sulla carta, l'abitudine a un atteggiamento che cura la forma e non la sostanza, l'attività di docenti che procedono per comportamenti di routine piuttosto che di vera professionalità. Di questo si lamentano in sostanza tanti insegnanti, che a volte si limitano alla semplice parola "burocrazia", a volte spiegano con maggior ampiezza di dettagli che cosa intendono dire con quella parola:

«Le riunioni spesso improduttive che non consentono il miglioramento della qualità della scuola, ma sono destinate a tutelare l'immagine della scuola...»;

«Le programmazioni, perché purtroppo non è detto che chi fa programmazioni bellissime e circonstanziate, poi in classe si comporti come da programmazione...»;

«Le cose inutili, tipo le carte che ti tocca produrre, la burocrazia di circolari, permessi, firme...»;

«Molto tempo mi viene preso da cartellini, autorizzazioni, registri...»;

«... il disordine dei registri di classe che costano tempo e fatica e sono come cassetti aperti mal compilati....»;

E qualcuno, più sinteticamente si esprime con un'immagine:

«... l'incubo del registro...».

■ *La valutazione*

Un altro aspetto che, sotto molteplici forme, attira l'attenzione e la preoccupazione dei docenti è quello della valutazione di cui emergono molte versioni. Innanzitutto ci pare di riscontrare una certa differenza tra il sentire dei docenti di scuola media inferiore e quelli di scuola media superiore: sembra che il punto discriminante stia nell'obbligatorietà del primo ciclo, con tutto quello che comporta in termini di valutazione.

Per tutti valutare è difficile, se non angosciante e, nel momento in cui il docente si trova nel ruolo di genitore, moltiplica le sue apprensioni perché in classe si investe di entrambi i ruoli.

Ci sono inoltre da evidenziare due ordini di problemi: 1) il rischio di spendere la maggior parte delle energie a favore del recupero, perdendo di vista quei ragazzi che potrebbere puntare a risultati di alto livello; 2) il cosiddetto «buonismo» che punta eccessivamente sul recupero, si accontenta di poco e toglie valore e senso alla scuola.

Così quindi si esprimono più di un terzo degli intervistati, che dicono di voler eliminare:

«... l'eccesso di valutazione burocratica...»;

«...le verifiche intese come necessità di mettere delle valutazioni che debbono necessariamente diventare dei giudizi...sono dei momenti spaventosi per me...»;

«... la valutazione all'interno della scuola media nei confronti di ragazzi che hanno molte difficoltà e non diventeranno mai sufficienti...»;

«... la valutazione come la intendiamo noi, perché per me è un peso, un'angoscia e spesso i ragazzi sono presi solo dalla valutazione e il loro impegno è finalizzato al voto in alcuni casi, in altri nemmeno a quello...»;

«... la valutazione intesa come misurazione rigida...nell'arco di tre, cinque anni darei dei livelli...»;

«... il buonismo che vede soltanto i problemi del recupero e non si rende conto che intanto il valore culturale e formativo della scuola sta andando a rotoli...».

■ *I colleghi*

Oltre agli aspetti più strettamente legati all'organizzazione scolastica dal punto di vista funzionale (la burocrazia e le «carte inutili»), oppure al tormentato rapporto con gli studenti, fatto di tanto amore ma anche di un po' di odio, che si esprime nella difficoltà di valutare ed anche nel timore di essere «troppo buoni», gli insegnanti modenesi ascoltati indirizzano i loro strali anche contro i propri colleghi, gli altri insegnanti i cui atteggiamenti sono ritenuti uno dei mali della scuola, e quindi da eliminare.

Infatti qualcuno dice addirittura che:

«se alcuni insegnanti fossero "cose" eliminerei (professionalmente) anche loro».

Vario è il repertorio di aggettivi con cui questi colleghi vengono definiti, ma possiamo raggrupparli intorno a tre temi di fondo:

a) la (scarsa) capacità professionale *(«incapaci», «impreparati», «incompetenti»);*

b) il carattere, soprattutto riguardo al modo di rapportarsi con gli alunni *(«poco disponibili», «punitivi», «arroganti e spocchiosi», «ottusi», «insensibili»);*

c) il carente impegno nello svolgere il loro lavoro *(«demotivati», «imboscati», «fannulloni», «lavativi»).*

C'è chi è così preciso che arriva a quantificare:

«Eliminerei un 60% di insegnanti: 30% perché non hanno voglia di insegnare, 30% per incapacità. Mi dispiace, ma per fare l'insegnante ci vogliono anche doti, qualità. Allora uno può e deve essere aiutato e così essere salvato, ma alcuni non sono proprio portati, quindi vanno a fare un altro mestiere».

L'ottusità è un atteggiamento che viene criticato da diversi punti di vista: c'è chi definisce ottusi quelli:

« che puntano solo alla trasmissione dei contenuti»;

e chi ritiene insegnanti ottusi quelli:

« che pensano agli allievi come fonte di disturbo piuttosto che come clienti».

Comunque sono soprattutto gli insegnanti non motivati il principale bersaglio critico, e cioè coloro che:

« non hanno voglia di imparare», «e non sanno o non vogliono fare il loro lavoro» .

Sono coloro che si vorrebbero eliminare, come dice in modo oltremodo esplicito un'insegnante con 13 anni di insegnamento:

«Quegli insegnanti che sono ormai demotivati, che non hanno niente da dare né a se stessi né alla scuola dove invece c'è bisogno di energia, di idee».

Anche nella classe insegnante assistiamo a qualche piccolo *scontro generazionale*; infatti a fronte di coloro che vorrebbero eliminare i colleghi non all'altezza della situazione o che hanno ormai fatto il loro tempo, oppure i colleghi che non hanno più voglia di mettersi in gioco, troviamo anche insegnanti che guardano con sospetto alle nuove generazioni:

«Ho paura che molti insegnanti, specialmente i giovani, oggi nella scuola usino categorie di comportamento troppo rigide che ondeggiano tra l'autoritarismo e la superficialità».

Al rifiuto di certi colleghi e di certi atteggiamenti, si accompagna il rifiuto dei luoghi dove è più frequente incontrarli ed ascoltarli; sarebbero in questo caso da eliminare le sale insegnanti quando sono luogo di lamenti e di stupidità.

■ *Le strutture e i finanziamenti*

Non sono molti gli insegnanti che mettono tra le cose da eliminare le strutture scolastiche, gli strumenti e gli arredi obsoleti per sostituirli con qualcosa di più moderno e funzionale; probabilmente le scuole di Modena e provincia presentano una situazione da questo punto di vista più che accettabile ed è possibile che chi parla di voler eliminare *«arredi squallidi», «le aule con i banchetti di legno», «i vecchi mobili e gli arredi obsoleti», « i banchi scomodi e le strutture opprimenti», «gli arredi fatiscenti»* insegni in qualche scuola di provincia o in qualche istituto in cui le attrezzature ed i materiali rivestono particolare importanza.

C'è solo una giovane insegnante, con otto anni di insegnamento, che si dilunga un po' sull'argomento dicendo nella sua intervista:

«Vorrei eliminare, anche se può sembrare una sciocchezza, le sedie rigide, dure; se penso a quanto faccio fatica a stare ferma tutto un pomeriggio durante i Consigli di Classe o a quante volte da studente mi sono distratta perché non ce la facevo più a stare su quelle sedie così scomode!».

Legata alla povertà delle strutture c'è anche la povertà dei finanziamenti e la conseguente richiesta di maggiore attenzione verso le necessità del mondo della scuola; infatti non si vuole solo eliminare:

«gli strumenti obsoleti e antichi dei laboratori per sostituirli con materiale attuale»;

«l'inadeguatezza e povertà delle strutture e degli strumenti»;

ma anche:

«la poca disponibilità dei fondi per la scuola»;

«gli impedimenti dovuti a bilanci limitati»;

«la povertà dei finanziamenti per migliorare la qualità dell'offerta formativa».

In termini propositivi, quindi la richiesta è di avere:

«risorse economiche ed insegnanti motivati»;

«più laboratori multimediali, spazi idonei per attività integrative, laboratori pomeridiani»;

«un'atmosfera dell'ambiente scolastico diversa, con locali più gradevoli, strutture, strumenti che consentano maggiore operatività».

In conclusione:

«maggiore considerazione da parte del Ministero della Pubblica Istruzione delle esigenze degli insegnanti e dei ragazzi».

■ *La retribuzione e la carriera*

Anche la carriera, il sistema di progressione ed i fondi incentivanti sono presi in considerazione da qualcuno, sia per eliminare una situazione di «garantismo» che immobilizza il mondo scolastico sia per proporre soluzioni diverse che facilitino la carriera e forniscano quella spinta alla motivazione e all'impegno, di cui pare tanti abbiano bisogno.

Riguardo al primo aspetto, alcuni si limitano sinteticamente ad affermare che vorrebbero eliminare:

«il ruolo unico degli insegnanti», «l'eccesso di garantismo», «il posto a vita», «l'impossibilità di licenziare», «il ruolo fisso ed immutabile».

Altri però hanno un atteggiamento più propositivo:

«Eliminerei il fondo incentivante e tutti i furbi da esso indotti a infilarsi in molte commissioni. Mi rendo conto che con la tabulazione pagata di ogni lavoro (e di tante chiacchiere inconcludenti), sono riusciti a farmi sentire una cretina quando lavoro fuori orario e senza «incentivi». Ovviamente il fondo incentivante dovrebbe essere sostituito da un aumento tout court dello stipendio e da una seria selezione delle assunzioni»;

«Eliminerei la mancanza di progressione nella carriera sostituendola con un sistema di incentivi che potrebbe stimolare i docenti più motivati»;

«Ci vorrebbe un riconoscimento maggiore del lavoro sommerso sul piano economico e sociale»;

«Bisognerebbe incentivare la professionalità e rendere così il lavoro più qualificato, in modo che l'insegnante sia più considerato a livello sociale».

La scarsa considerazione sociale per il ruolo dell'insegnante e della scuola è messa in evidenza da qualche intervistato, anche in relazione allo stipendio.

«Vorrei eliminare il blocco degli stipendi che di fatto indica il poco rispetto del ruolo degli insegnanti da parte della società».

Qualcuno dice, quasi scherzosamente:

«Non saprei che cosa eliminare dalla scuola; infatti mi considero un'insegnante felice, pur con un'unica nota dolente: lo stipendio ».

Stranamente, però, non sono molti quelli che si lamentano per i bassi stipendi e può darsi che ciò dipenda dal fatto che la maggior parte del corpo docente è ormai costituita da donne che spesso integrano con il loro stipendio il bilancio familiare, che vede quindi anche altre fonti di guadagno.

Su che cosa possa significare essere insegnante al maschile, la dice lunga un intervistato che insegna da trenta anni:

«Sono soddisfatto, mi piace il mio mestiere, ma capisco che per la professionalità sono pagato proprio poco e questo mi delude e mi fa tornare in testa questa mania maschile di essere così penalizzato anche nelle vesti di maschio, perché il maschio dovrebbe guadagnare di più per la casa, rispetto al guadagno della donna; mia moglie fa lo stesso mestiere, quindi prendiamo la stessa cifra e quindi in questo mi sento un po' a disagio, (...) non so se sia un residuo maschilista o sia una psicologia normale».

Ma c'è chi affronta il problema in modo più circostanziato, mettendo in relazione guadagno, impegno nel lavoro, organizzazione scolastica e ruolo sociale:

«Un insegnante non deve, se si vuole che dedichi tutte le sue energie alla scuola, mentre insegna dover pensare a quello che dovrà fare a casa per arrotondare lo stipendio, e arrivare così alla fine del mese. Allora se la scuola mi dice: io ti dò abbastanza, per cui tu dopo non devi preoccuparti per arrotondare lo stipendio... allora dedichi tutto alla scuola...allora la teniamo aperta anche tutto il pomeriggio. OK ci sto! Altrimenti anche l'insegnante rende poco. Poi è inutile che la gente dica che vale poco perché prende poco... ma ciò che dice l'opinione pubblica è molto determinante per le elezioni, per i "voti", allora bisogna tenerne conto...».

Un'intervistata distingue:

«Pagherei di più chi lavora in un certo modo, chi dà più tempo. Io credo che nella scuola ci siano delle persone che hanno, o hanno avuto, delle grosse motivazioni ed anche una grossa preparazione e che si trovano a dover fare i conti con delle necessità... Se fossero pagati di più potrebbero avere un aiuto e ci sarebbero più uomini a fare gli insegnanti».

Infine, c'è chi si butta sull'assurdo, come questo insegnante che, dopo dieci anni di insegnamento, dice:

«Vorrei dieci milioni di stipendio al mese!».

■ *Gli isolazionisti a oltranza*

Per un quadro il più possibile completo e nel rispetto delle narrazioni individuali, non possiamo trascurare la pur piccola minoranza di coloro che dalla scuola vorrebbero eliminare tutto ciò che, provenendo dall'esterno, toglie l'istituzione scolastica dal suo «splendido isolamento» e la porta ad un confronto più diretto con la realtà esterna.

Sono coloro che non vorrebbero più vedersi attorno i genitori definiti come *«incompetenti», «diffidenti», «dalla eccessiva e scarsamente motivata ingerenza», «la cui presenza è invadente e poco rispettosa della professionalità docente».*

Qualcuno vuole anche eliminare i colloqui con le famiglie in un'ottica che, allargandosi sempre più, arriva alla richiesta di un'insegnante che dice:

«Non so come si possa fare, ma certo vorrei la bacchetta magica per togliere l'influsso esterno (famiglia, TV) verso la faciloneria, il pressapochismo, la violenza della confusione, la mancanza di limiti, un senso distorto dei diritti mai associato alla coscienza dei doveri. E non mi si dica che questo si elimina con la scuola. Certo la scuola ci prova e anch'io continuo ostinatamente a provarci: ma si soccombe perché gli influssi "altri" sono sempre prioritari per durata nel tempo e per livello accattivante di gradibilità degli emittenti concorrenti».

Ma anche i più stanchi, i più demotivati, i più delusi e disillusi convengono alla fine che il confronto, la curiosità, il rapporto con i ragazzi è quello che resta alla base di tutto, insieme a ciò che un'intervistata chiama:

«...la passione di credere di poter insegnare non solo la matematica, ma anche qualcosa che serva per la vita».

In questa ottica di scuola che già fornisce agli alunni sufficienti stimoli c'è il rifiuto verso attività extra scolastiche proposte o imposte dall'esterno; probabilmente ciò è più sentito in una provincia come quella di Modena in cui le offerte in termini di attività, visite, laboratori sono veramente molte e forse sono per alcuni fonte di dispersione, mentre a volte si lamenta la mancanza di tempo: tempo per parlare con gli alunni e degli alunni, tempo per parlare con i colleghi, maggiori occasioni di momenti vissuti assieme.

Dice un'intervistata giunta alla fine della carriera:

«Qualche volta vale la pena di non fare lezione e di ascoltarli... qualche volta vale la pena di dire: «Ma sì, se non volete fare quella poesia se ne fa un'altra... Quando trovo scritto in qualche tema «La prof. di lettere ci insegna anche cose per la vita»... Sento di avere fatto qualcosa di utile! Chi se ne frega delle poesie! Credo che ci sia bisogno di qualcosa di più, anche se a volte c'è la fretta, la fretta di concludere perché c'è il programma...»

■ *Le proposte*

Oltre ad elencare tante cose da eliminare, gli insegnanti intervistati non sono stati parchi di proposte perché, come dice qualcuno, *«non c'è solo da togliere ma anche da aggiungere.»*

Innanzitutto, in relazione alla rigidità del sistema scolastico, è emersa una diffusa richiesta di maggiore libertà, di scelta più ampia, sia nella scansione degli argomenti all'interno della propria materia, sia nella possibilità di fare per gli alunni dei perscorsi individualizzati, per evitare il mercanteggiare con i voti, oppure la necessità di mettere dei giudizi definitivi.

Ci vorrebbe, per alcuni, anche il coraggio di abbandonare certe materie per introdurne altre più moderne e più formative della capacità critica dello studente. Bisognerebbe, per altri:

«Trasformare la scuola in un luogo di esperienze di ogni genere perché manca ai ragazzi l'opportunità di vivere esperienze in prima persona che non siano quelle veicolate dall'industria "culturale" rivolta a loro: debbono crescere emozioni e pensieri nuovi nella scuola».

Ma c'è anche chi va in direzione completamente opposta e propone:

«... di far accedere alla scuola superiore solo i ragazzi in possesso di determinati pre-requisiti stabiliti in funzione del processo formativo scelto e da accertare attraverso un eventuale test d'ingresso attitudinale».

O chi nell'ottica di una scuola più severa vorrebbe:

«... regole ben precise che i ragazzi rispettino, perché la scuola deve essere più selettiva e garantire un buon livello culturale».

In completo contrasto con altre istanze, uno dei docenti sentiti ha poi affermato:

«Io vorrei che l'insegnante si facesse carico fino in fondo del suo ruolo fondamentale e irrinunciabile, che è appunto la sostituzione del genitore nella veste però qualificata di una persona colta per costruire, anche attraverso la funzione coercitiva, a volte correttiva, il comportamento della mente e dell'atteggiamento dell'adolescente. Questa rinuncia del ruolo decisivo dell'adulto sull'adolescente non deve essere assolutamente sottovalutato o dimenticato».

C'è infine chi si è addentrato in particolari più prettamente descrittivi e ha parlato di:

«una scuola che dovrebbe assomigliare ad un Campus, dove sia proibito il traffico delle auto nel raggio di un chilometro, con più spazi e ... delle brandine per un rapido riposo».

Infine, qualcuno lasciando il discorso aperto ha detto:

«Per migliorare la scuola, dovrebbe essere posta la domanda relativa alle «ragioni di una educazione», al significato di ciò che si fa: non ce lo si chiede mai abbastanza».

Per concludere, vorremmo riportare la testimonianza di una lunga intervista con una insegnante da 26 anni nella scuola media che, analizzando la realtà attuale della scuola, così descrive il suo modello di scuola ideale:

«Vedo una scuola che non è, non mi sembra adatta alla maggior parte dei ragazzi... io li vedo sacrificati, in attività di ascolto troppo lunghe, di ripetizione. Inoltre non c'è effettiva condivisione di un progetto educativo con molti colleghi... e a volte manca perché questo richiederebbe competenze che in molti casi non ci sono, non sono state sviluppate perché in questi anni ognuno di noi ha sviluppato le competanze che più lo interessavano. Spesso si sente dire da alcuni insegnanti: "La scuola fa fatica a contrastare un certo andazzo, per esempio, della società o della famiglia stessa che non è sempre in grado di fare da freno rispetto ai miti del consumismo, oppure ai modelli televisivi". Non ce la può fare, se ci sono solo delle singole individualità che solo affidandosi alla loro buona volontà si muovono. Per capire un poco i ragazzi bisognerebbe dedicare moltissimo tempo anche a scuola. E allora questo luogo dovrebbe essere un luogo in cui... in cui ci si confronta davvero.

Immagino una scuola dove, eliminati i registri, le sciocchezze, le riunioni inutili in cui non si parla di niente, i collegi infiniti in cui non si dice niente, immagino una scuola in cui alla fine della settimana ci si ferma due ore e si parla della classe e si organizzano le metodologie per affrontare i problemi emersi, ecco... una scuola dove settimanalmente almeno ci si confronta. Non è la nostra».

CAPITOLO 2

TIPI DI INSEGNANTI

1. Premessa

Dopo la lettura e l'analisi delle storie professionali, abbiamo sentito la necessità di ricondurre a unità i percorsi di vita, il che ha presentato una oggettiva difficoltà di interpretazione dato il loro numero e le due diverse forme di scrittura: le autointerviste, nelle quali ciascun insegnante ha risposto direttamente per iscritto alle sollecitazioni proposte; e i colloqui registrati e successivamente trascritti dai conduttori stessi.

Ci è sembrato possibile, leggendo e rileggendo i «Profili» ricavati dalle autointerviste e i testi delle registrazioni, suddividere tutte le storie in **quattro tipologie**, in modo tale da far emergere con maggiore evidenza i percorsi professionali più significativi. Abbiamo cioè riletto le storie individuali dalle origini all'oggi, cercando di cogliere dalle parole stesse dei docenti qual è stato il loro percorso, se le condizioni nelle quali essi si sono trovati ad operare hanno permesso loro di imparare dalla personale, diretta esperienza, di modificare i loro atteggiamenti, di appropriarsi di una metodologia efficace. In una parola, abbiamo cercato di indagare chi e che cosa li hanno aiutati a diventare davvero insegnanti.

Nei casi in cui ci è sembrato invece di cogliere un forte calo della passione iniziale, se non addirittura un sentimento di delusione (che a volte si è espresso con dichiarazione esplicita di fallimento), abbiamo cercato di indagare i motivi di questa delusione, di questa sconfitta sul piano professionale.

Rispetto alle due tipologie «estreme» (che abbiamo indicato con «**evoluzione positiva**» e con «**delusione**»), entrambe caratterizzate da un cambiamento, ci è sembrato di poter individuare anche due categorie intermedie, l'una connotata in senso positivo, l'altra in senso più negativo, che abbiamo definito col termine «**staticità**» per indicare una condizione che sembra essere rimasta sempre uguale a se stessa, invariata nel tempo.

Per operare questa classificazione, abbiamo fatto riferimento ad alcune categorie di vissuti che permettono di evidenziare nei racconti autobiografici sia le *poetiche dell'esperienza*, spesso legate alle origini, ricordate in modo quasi mitico, come se si trattasse di leggende; sia le *lezioni dell'esperienza*, cioè quello che ciascuno di noi impara vivendo sia sul piano umano che su quello professionale. Abbiamo inoltre ricercato con quali espressioni veniva esplicitato il *governo dell'esperienza,* cioè il modo in cui sono stati gestiti e risolti i problemi, superate le difficoltà; e, infine, abbiamo tenuto conto anche, almeno dove era possibile, delle diverse *caratteristiche soggettive* (di genere, di personalità, ecc.) che esistono comunque al di là dell'esperienza e che fanno di ogni storia di vita, pur nelle somiglianze con le storie degli altri, una storia a sé.

Sono stati dunque presi in considerazione come parametri per la suddivisione alcuni elementi che ritornano come **costanti** in tutte le storie:

- la presenza di una forte o significativa «carica» individuale, in qualche modo riconducibile alla *passione per la professione*, caratterizzata a volte da motivazioni intrinseche alla personalità del docente, altre volte da motivazioni a lui esterne, risalenti a un particolare «clima» politico culturale;
- la presenza di *contesti favorevoli di crescita professionale* che in qualche raro caso hanno coinciso con l'istituzione scuola in senso stretto; in altri con la possibilità di frequentare corsi di aggiornamento o universitari. Soprattutto è stato importante l'incontro con un gruppo di colleghi affiatati e motivati, disponibili al lavoro in comune;
- la *relazione con gli allievi*, considerata da tutti i docenti il motivo fondamentale della soddisfazione o della delusione;
- l'esplicitazione *consapevole* del proprio percorso professionale.

La metodologia scelta ci ha permesso di avvicinarci alla conoscenza dell'argomento, consapevoli del fatto che la realtà è ben più complessa, sfumata, sfaccettata e ambigua e perciò sfuggente a qualunque classificazione. È per questo che abbiamo deciso di aggiungere a titolo puramente esemplificativo alcuni «profili» che abbiamo ritenuto particolarmente interessanti e significativi per illustrare non solo le diverse tipologie, ma anche la varietà, la diversità di esperienze e di personalità.

2. Le tipologie

■ *Evoluzione positiva: la lezione dell' esperienza*

Tra gli insegnanti modenesi che sono stati disponibili a raccontarci le loro storie professionali, il gruppo più numeroso è formato da quei docenti (55) che consapevolmente descrivono il percorso che hanno compiuto, le lezioni che hanno saputo ricavare dalla loro esperienza di lavoro e il modo in cui hanno affrontato i problemi.

Sono in prevalenza donne (anche se non mancano alcuni casi di docenti uomini), che insegnano nella scuola media inferiore, distribuite in modo abbastanza omogeneo nelle tre fasce di anzianità di servizio che abbiamo tenuto in considerazione.[6] Sono docenti «per vocazione», che hanno sempre fatto appello a **risorse individuali**, con una forte carica che ha due differenti origini: da una parte ci sono quelli, e sono in numero prevalente, che hanno scelto l'insegnamento spinti da *motivazioni personali* per dare qualcosa di sé agli altri, o per mettersi al «servizio per l'altro». Dall'altra parte ci sono coloro che hanno iniziato ad insegnare sulla base di una spinta ideologica molto forte che risale al clima politico e culturale degli anni immediatamente successivi al '68, nei quali c'era la speranza, quasi la certezza, di riuscire a «cambiare la scuola, a cambiare il mondo» e un forte impegno etico-sociale in campo educativo: *«Era un'esperienza alla Don Milani... ricordo una bella tensione educativa».*

La capacità di fare appello alle motivazioni personali mette questi docenti in atteggiamento di *ricerca continua* e permette loro di cogliere ogni opportunità offerta dal contesto in cui operano e di trovare in

---

[6] Vedi Allegato n. 1.

ogni caso il modo per superare le inevitabili difficoltà. Al di là delle differenze di personalità e di situazione, in tutti questi insegnanti è presente la dimensione della riflessione sul proprio operato, della ricerca di confronti con persone di scuola (colleghi o amici o familiari) e del ricorso a strumenti concettuali di tipo pedagogico o didattico più strutturati e mirati (il libro, il corso di aggiornamento, il rapporto con l'università).

Tra questi, molti sono coloro che ricordano i loro inizi come problematici, pieni di incertezze, consapevoli della scarsa formazione professionale avuta all'università. Sono quelli che dicono: *«...di appassionante non ricordo nulla, la passione è nata col tempo e con l'acquisizione di un mestiere»*. Ma ve ne sono altri (soprattutto quelli con più anni di servizio, che hanno iniziato in piccoli paesini di montagna o di campagna o nei corsi serali per lavoratori-studenti) che delle origini hanno un ricordo solo positivo, quasi mitico: parlano di entusiasmo, di voglia di fare, di un ambiente favorevole, di tempi scolastici dilatati con attività extra, pomeridiane o addirittura domenicali, di *partite* epiche con gli studenti.

Questi docenti, in evoluzione, sono anche quelli che del loro lavoro sottolineano la **sfida con se stessi**, l'aspetto creativo del «mettersi in discussione», «dell'inventarsi di nuovo tutti i giorni», «del trovare nuovi modi per presentarsi» e dell'imparare dagli alunni che «tirano fuori parti belle di me che non sapevo di avere». Essi ricordano la soddisfazione dello scoprire nuove strategie: le mappe concettuali, il gioco della scrittura, l'animazione della lettura, il fare una scuola il più possibile creativa, che dia momenti e spazi alla fantasia attraverso attività pratiche, che lasci spazio a nuove scoperte, come quella degli intrecci tra il vissuto e il sapere.

Certo gli **incontri favorevoli** giocano un ruolo importante nel processo di crescita professionale. Per qualcuno (per la verità assai pochi) all'inizio della carriera è stata importante la buona accoglienza. da parte dell'autorità scolastica che ha fornito un guida non solo per gli aspetti burocratici (registro, orari, organizzazione della scuola), ma soprattutto per quanto riguarda le indicazioni generali di tipo pedagogico o relative agli strumenti didattici: *«... un preside con la P maiuscola che mi fece scoprire che l'insegnamento era davvero la cosa giusta per me»*.

Per la maggior parte di questi docenti è stato particolarmente stimolante e rassicurante **l'incontro con colleghi disponibili al confronto e alla collaborazione**. In alcuni casi l'appoggio è stato essenzialmente di tipo psicologico: «*... mi sentivo appoggiata psicologicamente da una mia collega di corso, ci facevamo coraggio a vicenda*». In altri casi i colleghi hanno offerto solidarietà e aiuto «*per qualsiasi cosa, dalle problematiche più complesse relative alla situazione dei ragazzi, ...sino al problema dei verbali*». Ma soprattutto la possibilità di lavoro con un gruppo costante di colleghi ha costituito un contesto di forte crescita sul piano professionale: «*... ci trovammo in un gruppo...che è rimasto insieme quasi diciott'anni, proprio perché abbiamo pensato di fare un determinato tipo di scuola; è stato con loro, attraverso il lavoro comune e il confronto continuo che sono cresciuta come insegnante... sono stati anni splendidi*».

Questi ultimi appartengono per lo più a quella generazione che è entrata nella scuola tra la fine degli anni '60 e i primi anni '70, nel momento in cui l'offerta era superiore alla domanda a causa della riforma della scuola media dell'obbligo e del vertiginoso aumento del numero degli studenti alle superiori. Ciò ha permesso a gruppi di insegnanti, per lo più coetanei, di cominciare insieme un percorso in cui, alla mancanza di preparazione specifica da parte dell'università, sopperiva il lavoro di ricerca e di confronto sulla metodologia e sulla didattica.

Infine contesti favorevoli alla crescita, anche se in misura minore, sono stati e sono **corsi di aggiornamento**, corsi universitari e testi pedagogico-didattici.

Per tutti fondamentale è il **rapporto con gli studenti** sia sul piano educativo che su quello relazionale. Infatti molti docenti ci dicono qual è la motivazione fondamentale che essi trovano nella relazione con gli allievi: affermano ad esempio che « *i ragazzi offrono un mondo sempre nuovo, si aspettano molto dagli insegnanti e hanno bisogno di essere seguiti ed aiutati nella loro formazione*»; oppure dicono esplicitamente: «*... mi sento aiutata da ragazzi... con i quali sento di avere relazioni importanti: affetto, simpatia, stima*». Addirittura qualcuno afferma: «*... anche i ragazzi mi sono stati di grande aiuto nei momenti difficili con il loro modo di fare e di essere, per la novità che ogni bambino porta con sé, per le sue domande*». Costruire le lezioni insieme ai ragazzi, lavorare attraverso il dialogo per creare nella classe un ambiente sereno nel quale l'insegnante riesce ad essere più efficace e gli alunni imparano di più: è questa la chiave di volta che spiega la soddisfazione di chi nella scuola ci sta bene.

Queste testimonianze, e numerose altre, mettono in evidenza che i docenti di questo primo gruppo hanno consapevolezza di *essere educatori* e soprattutto di ricevere dalla relazione con gli alunni uno stimolo di crescita umana e professionale. Addirittura alcuni affermano di rimanere ancora nella scuola «perché ci sono loro», perché «mi piace stare coi ragazzi che sono sempre diversi e quindi mi stimolano ad essere diversa, a cambiare... Questo mi fa ancora pensare».

■ *Stasi positiva: entusiasmo senza cambiamento*

C'è poi un secondo gruppo, ancora abbastanza numeroso (43) nel quale è più forte la presenza di insegnanti di sesso maschile e di scuola superiore, in cui possiamo inserire quei docenti che hanno iniziato e continuano ad insegnare spinti anch'essi da una forte **carica individuale** che però non si è evoluta a livello razionale. Possiamo provare a definirli come "spiriti ottimistici", che non hanno saputo, o potuto, ricavare dalle condizioni strutturali o amicali che invece si sono rivelate importanti per i docenti in evoluzione, stimoli per la crescita professionale. Ci è sembrato che la loro condizione possa essere definita «**stasi positiva**»: stasi, perché non si evidenzia un buon governo dell'esperienza; positiva perché questi docenti trovano comunque qualche elemento di tenuta nell'insegnamento.

Per lo più risulta positiva la possibilità di «comunicare con tanti ragazzi; ma anche *«l'amore per la matematica», o «la curiosità di vedere come andrà a finire»;* esprimono quindi attenzione su fronti diversi: relazionale, disciplinare, sociale.

Ma non mancano aspetti che segnalano la stasi: *«la prima passione è per me la famiglia alla quale dedico tutto il mio tempo libero»* dice una docente che si è conquistata passo dopo passo le sue competenze di insegnante e che conserva interesse per i ragazzi, ma sembra in qualche modo distaccata emotivamente dal mondo della scuola. L'appassionano gli studenti, ma solo quelli «interessati alla sua materia». Coltiva per sé altri interessi: il cinema, la lettura, la pittura; ma soprattutto trova rassicurazione e conforto nella famiglia. In un altro caso la passione appare in qualche modo frustrata: è il caso di un insegnante che cita *«l'invito del suo medico omeopata a lavorare di meno e a pensare di più a se stessi»*. Del resto c'è chi si spinge anche oltre: un'insegnante con 28 anni di esperienza, pur conservando il gusto di comunicare con i ragazzi, anche di culture diverse, non sviluppa questa passione allargando i suoi ambiti di indagine culturale, ma commenta che *«giunti a una certa età è già molto riuscire a mantenere i vecchi interessi»*.

Se cerchiamo di capire quali elementi comuni sono riconoscibili dietro queste esperienze solo parzialmente positive, troviamo spesso un percorso con tratti di **discontinuità**. Molti di questi docenti hanno cambiato spesso sede o ordine di scuola e questo ha reso più difficile il **governo dell'esperienza**; perché è venuta a mancare la possibilità di un clima di collaborazione e di confronto con un gruppo stabile di colleghi.

Per chi ha maggiore anzianità di servizio il confronto tra passato e presente è sempre sofferto. A fronte dello spirito collaborativo dei primi anni ci sono **la solitudine e l'isolamento** di oggi, così come ci testimonia un insegnante che ricorda come nel passato il confronto con i colleghi sia stato utile «a togliere il senso di inadeguatezza»; mentre «ora ci sono colleghi che hanno l'effetto opposto».Ancora più esplicita è la testimonianza di una docente molto dinamica e appassionata che afferma di aver trovato aiuto solo in se stessa; e tra le cose che eliminerebbe dalla scuola per renderla un luogo di crescita per tutti, cita innanzitutto quegli insegnanti *«arroganti e spocchiosi, che alzano un po' troppo la voce o che sono troppo severi»*.

Al riguardo si nota peraltro che c'è differenza tra chi si è trovato ad insegnare nella scuola media e chi invece lavora nella scuola superiore. Mentre in generale per i primi gli incontri con i colleghi, essendo istituzionalizzati, hanno spesso favorito lo scambio, l'aiuto e il confronto; per i docenti di scuola superiore è risultato predominante il lavoro individuale e la conseguente tendenza all'isolamento, come ci conferma tra le altre la seguente testimonianza: *«...lì [nella scuola superiore] ognuno vive nel suo orticello, lo coltiva e basta, non c'è scambio, mentre alle medie c'è più disponibilità, si vive di più sul sociale»*.

Quanto alla **relazione con gli studenti**, diversi docenti segnalano una grossa difficoltà degli ultimi anni, secondo noi ancora riconducibile alla mancanza di scambio e di confronto: il cambiamento negli atteggiamenti, nei comportamenti, nei modelli di vita dei giovani delle ultime generazioni. Soprattutto gli insegnanti della scuola superiore avvertono oggi il disagio di non saper leggere il cambiamento in atto e di essere perciò impotenti a fronteggiarlo in modo costruttivo. E, mentre definiscono appassionante il rapporto con gli studenti di un tempo, che essi vedevano *«motivati, desiderosi di conoscere, leali nei confronti dei docenti»*, oggi è *«l'apatia degli studenti»* la cosa che li avvilisce di più, il loro *«disinteresse»*. E ammettono: *«... ma non è tanto facile definire la causa di tutto ciò...»*.

In ultima analisi, ci sembra di poter dire che questa **mancanza di contesti favorevoli** ha portato in alcuni casi i docenti a ripiegarsi su se stessi, a coltivare altri interessi al di fuori della scuola e a ricercare una forte conferma in ambito familiare. *«Era deprimente non riuscire ad interessare alcuni ragazzi...»* afferma una testimonianza che possiamo ritenere conclusiva per la sua semplicità *«... in questo contesto la famiglia è stata valvola di sfogo dello stress...»*. E ancora: *«... ci sono altri interessi, altri obiettivi... quelli della famiglia... affettivi...»*.

■ *Stasi negativa: né lezione, né governo dell'esperienza*

Nel nostro tentativo di analizzare e suddividere le storie di vita professionale secondo alcune tipologie, non possiamo ignorare quel piccolo gruppo di insegnanti (13 in tutto) per i quali la situazione iniziale non ha subito una evoluzione né in senso positivo né in senso negativo; infatti, *tiepidi o sfiduciati* o scontenti alle origini, tali sono rimasti nel corso della loro storia professionale.

Sono quegli insegnanti che sono partiti senza entusiasmi, senza: *«aver trovato cose particolari a cui appassionarsi, ma nemmeno cose deprimenti o scoraggianti»* o che hanno evidenziato immediatamente qualche difficoltà legata a volte alla materia stessa d'insegnamento, non sempre gradita, a volte ad un rapporto con gli alunni poco felice.

In linea generale, ci è sembrato che la loro esperienza professionale possa essere caratterizzata da una condizione definibile come «**stasi negativa**» in quanto non ha prodotto in loro né passione, né impegno particolare verso il proprio lavoro.

Si tratta forse di persone dallo spirito pessimistico, legate alla propria soggettività per le quali, anche in assenza di grosse difficoltà iniziali, anche quando l'avvio è stato sostanzialmente positivo, *l'entusiasmo* è durato poco. Esso inoltre non ha dato luogo a quella *mitizzazione delle origini*, vissuta come momento di rifugio e di consolazione rispetto al presente, così frequente nei delusi.

L'esperienza iniziale per questi insegnanti, anche quando è stata positiva, è rimasta un momento isolato e non ha dato seguito ad alcuna crescita: non abbiamo forse per questo rintracciato nelle loro testimonianze né lezione, né governo dell' esperienza.

Nella storia di quelli che partono senza passione (e tali restano), inoltre, non abbiamo individuato nessun avvenimento, nessun incontro che sia stato capace di suscitare la passione per il proprio lavoro, come è invece avvenuto in coloro che hanno avuto un' evoluzione positiva; non hanno forse saputo raccogliere dall' esperienza quegli stimoli che essa poteva offrire.

All'interno di questo sia pur piccolo gruppo di insegnanti ci è sembrato di poter individuare *due* differenti gruppi

Alcuni si presentano come personalità insicure, che mal si rapportano agli altri, che temono il confronto e la comunicazione, persone molto emotive che, a volte, hanno iniziato la loro carriera nel *panico,* nella soggezione, sentendosi così inadeguati da avere paura persino di chiedere qualche informazione pratica ai colleghi.

Altri mancano fin dall'inizio di entusiamo e aspettative, sono *tiepidi* verso l'esperienza e non se ne fanno coinvolgere emotivamente, sfuggendo in tal modo anche all'impegno e alle responsabilità.

In tutti c'è *poco scambio, poca comunicazione* sia verso i colleghi che verso gli studenti; spesso danno l'impressione di essere persone che cercano di sopravvivere alle proprie difficoltà ripiegandosi su se stesse e contando solo sulla propria *forza interiore* o su interessi divergenti rispetto al mondo della scuola. Solo in pochi casi troviamo una qualche forma di aiuto, di collaborazione da parte dei colleghi, aiuto che talvolta diventa presenza *«che tranquillizza»,* o addirittura aiuto concreto a *«..scrivere le relazioni».*

In molti casi ci sembra che la difficoltà di comunicazione porti questi insegnanti ad attribuire la responsabilità del loro insuccesso agli alunni che ritengono poco motivati o alla struttura scolastica stessa.

Non ci pare quindi un caso che, tra le cose che essi vorrebbero eliminare dalla scuola , si trovi più volte citata *«l' assoluta libertà* di *scegliere il corso di studi da parte dello studente», «i corsi di recupero», «lo sportello didattico» , «i debiti formativi»*, in genere le innovazioni di una scuola più moderna ed aperta alle esigenze dei ragazzi. A fianco di queste richieste essi desiderano ripristinare una scuola *«più selettiva»*, che garantisca un buon livello culturale e dove ci siano *«regole ben precise»* che gli alunni siano tenuti a rispettare; insomma, una scuola dove il loro ruolo di insegnanti possa trovare più sicurezza, una maggiore definizione in termini di autorità ed un più evidente riconoscimento in ambito sociale.

In ultima analisi, ci sono sembrate persone che, entrate nella scuola senza una reale motivazione, non hanno poi più trovato il coraggio o l'opportunità di cambiare, non hanno *«trovato possibilità di fuga»*. Non ci pare del tutto azzardato affermare che si tratta di insegnanti che hanno fatto una scelta di lavoro non adatta a loro.

■ *La delusione: l'esperienza che non insegna*

«All'inizio tutto era appassionante: trasmettere le proprie conoscenze, impegnarsi per essere capito durante le spiegazioni fino al punto di sudare e temere che si avvertisse qualche cattivo odore. C'era un forte impegno in ogni atteggiamento: arrivare in orario... rivedere più volte i compiti corretti... nulla era deprimente, tutto risultava stimolante... Oggi rimane solo il desiderio di aggiornamento e di studio personale perché il rapporto con gli alunni è stato deludente sia sul piano personale che su quello dell'interesse per la disciplina; così mi sono creato nuovi interessi e nuovi spazi di lavoro.»

Chi ci racconta con queste parole la sua storia di vita professionale è un giovane insegnante nella scuola da soli cinque anni; e solo cinque anni gli sono bastati per sentirsi deluso, sconfitto da questa esperienza di lavoro e di rapporto personale, dopo soli cinque anni possiamo riportare la sua esperienza per esemplificare un tipo di insegnante che potremmo definire «**in regressione**», sfiduciato di fronte allo scontro con la realtà.

Questo gruppo di insegnanti non è particolarmente numeroso (22 in tutto), ma ha alcune caratteristiche comuni facilmente individuabili.

C'è in tutti un grande entusiamo iniziale vissuto con una intensità determinata soprattutto dalla novità; spesso le prime esperienze sono raccontate con dovizia di particolari, con vivacità ed emozioni tali da farne un vero mito delle origini. Il mito però ben presto si infrange, crolla di fronte al muro della realtà, una realtà fatta in parte di inadeguatezza della struttura, in parte di un difficile rapporto con gli studenti, in parte ancora del confronto diretto tra mondo reale e mondo ideale.

È questo, secondo noi, soprattutto il punto focale che porta alla delusione e quindi al ripiegamento: rendersi conto dello scarto esistente tra ciò che è e ciò che si vorrebbe che fosse, tra le proprie aspettative, magari determinate da una iniziale esperienza felice, e quello che il ripetersi dell' esperienza mette di fronte; in una parola l'incapacità di trarre vera lezione dall'esperienza per essere da essa governati, una inadeguatezza, in questo senso, delle proprie risorse individuali.

Come già accennato, emerge in quasi tutte le storie di vita una crescente difficoltà di rapporto con le nuove generazioni; alcuni hanno *«l'impressione di non avere più il codice di comunicazione»*, di non *«riuscire più a motivare la maggior parte degli alunni»*, che invece riuscivano ad appassionare nei loro primi anni. Gli alunni incontrati all'inizio vengono , in alcuni casi, quasi idealizzati per la loro *«immediata disponibilità»*, perché così *«desiderosi di apprendere»*. Quando però la situazione cambia, le richieste degli studenti diventano diverse, gli alunni non sono o non sono più quelli che si vorrebbe che fossero; allora si ripiega sulla delusione, sullo scoraggiamento, sulla incapacità di gestire il conflitto.

Sulla strada della regressione *due* sono i possibili sbocchi: a volte ci si ripiega su se stessi, si abdica al ruolo pedagogico, ci si arrende al fallimento, si rinuncia alla *«passione di formare»* per dedicarsi essenzialmente a se stessi, alla propria vita personale, ai propri interessi; altre volte ci si ritrova a comportarsi in modo antitetico rispetto al «mitico» modello iniziale di *«professore democratico, aperto, tollerante, non autoritario, che dà poca importanza ai voti e moltissima al rapporto umano con gli studenti»*.

Non è comunque sempre chiaro quale sia il modello ideale di scuola di questo tipo di insegnanti; da una parte infatti c'è una critica verso la scuola tradizionale, basata su disciplina e rigore, dall'altra la difficoltà di relazionare con alunni definiti *«indifferenti», «demotivati», «arroganti» e «maleducati»,* porta a ripiegare su atteggiamenti di distacco e di autoritarismo.

Ma gli incidenti di percorso che possono portare insegnanti anche molto giovani a restare delusi dall'esperienza non sono sempre legati al difficile rapporto con gli alunni maturato nel tempo; a volte la delusione può venire anche da mancanze della struttura scolastica più in generale; è il caso di quegli insegnanti che perdono la voglia di fare questo lavoro perché hanno cambiato troppe scuole, si sentono in una eterna situazione di precariato, senza origini e senza radici, sballottati quasi ogni anno qua e là per la provincia, senza la possibilità di portare avanti un progetto, una iniziativa, un rapporto educativo di più ampio respiro.

Ci sono poi quelli travolti, soffocati dalla burocrazia, dalle scadenze, dagli ordini del giorno, dalle troppe carte, troppi schemi, troppe griglie da riempire e per le quali sentono di trascurare gli alunni.

Infine la delusione può venire anche dal confronto con la società che, nel tempo, è sì cambiata ma non nel senso in cui l'insegnante avrebbe voluto; questo capita soprattutto a qualche insegnante che proviene dalla generazione del '68, che ha creduto, entrando nella scuola, di cambiare anche la società, di fare una scuola in cui gli *slanci intellettuali* potessero supplire a tutte le carenze. Quando si è accorto che l'evoluzione della società e della scuola è andata in un' altra direzione, poiché non ha saputo attrezzarsi al cambiamento, invece di mettere in discussione il proprio modello ideale delle origini, ha preferito mettere in discussione l'attuale realtà scolastica e sociale.

DAI PROFILI

Esempi di vita professionale (...e non solo)

1. Scuola Media - 12 anni d'insegnamento

Sono nella scuola media da 12 anni, ma il mio ***primo anno*** *d'insegnamento è avvenuto nella scuola materna. Di quel periodo ricordo con timore il primo giorno di scuola e la difficoltà di trovare un modo di presentarmi ai bambini; ricordo anche la poca pazienza, l'incapacità di trovare parole adatte per comunicare con loro, e inoltre i casi difficili di bambini (anche con handicap gravi) e il loro bisogno di affetto e di cura. Mi sono rimasti nella mente i volti di molti dei bambini di quel primo anno, in particolare quello di una bimba di nome Giada, oltre alla disponibilità e alla comprensione delle maestre. Alle scuole materne s'impara a stare a scuola, si impara la pazienza, a modulare la voce, si impara la capacità di essere creativi e a non dare nulla per scontato.*

Così subito mi appassionò l'idea di poter essere un educatore, cioè una persona capace di aiutare gli altri a crescere. L'elemento più appassionante era la novità che ogni bambino portava con sé, la sue domande. Era decisamente appassionante il fatto di inventarsi di nuovo tutti i giorni, di trovare nuovi modi per presentarsi, la necessità della formazione personale, la disponibilità a guardare altri più esperti. Fu invece deprimente e scoraggiante il mio modo di pormi all'inizio, cioè il non avere pazienza e il non essere sufficientemente all'altezza per affrontare situazioni e risolvere problemi. I momenti più difficili li ho superati guardando gli altri e cercando un dialogo con i più esperti, cercando di essere me stesso e di accogliere la diversità dei bambini, maturando in pazienza, con il confronto con altri amici e, infine, anche leggendo dei libri. L'aiuto mi è venuto da più parti; dentro la scuola ho avuto la fortuna di incontrare maestre brave e pazienti e, all'esterno, ci sono stati gli amici dell'Azione Cattolica, con i quali ha cercato di riflettere sul metodo educativo. Anche i ragazzi mi sono stati di grande aiuto nei momenti difficili, con il loro modo di fare e di essere.

Oggi *tutto resta della passione delle origini perché sono maturato grazie all'aiuto di persone che con chiarezza mi hanno fatto capire il valore della scuola e del ruolo dell'insegnante. Mi è così rimasta la passione di educare, di formare, di dialogare con gli alunni, di ascoltarli, di accettare la diversità. In questi anni è nata in me la passione di stare in una scuola con problemi, ma molto preziosa; è nata la passione di starci dentro fino in fondo, assumendo anche incarichi di dirigenza.*

L'aiuto oggi mi viene ancora dal mio ex preside con cui sono rimasto in contatto, da molti colleghi e dagli alunni stessi.

Nella scuola vorrei eliminare la mentalità punitiva di certi insegnanti e presidi; il modo «borghese» di molti di stare nella scuola, con falsa ipocrisia e la burocrazia quando non è utilizzata per fini educativi. Non serve preoccuparsi di fare tante commissioni se poi l'essenziale non viene rafforzato.

Devo infine confessare che, se alcuni insegnanti fossero «cose», eliminerei (professionalmente parlando) anche loro.

2. Scuola Superiore - 14 anni d'insegnamento

Sono da 14 anni nella scuola e del mio primo anno, ho molti ricordi anche molto diversi tra loro; la prima immagine che mi torna alla mente è l'atrio della scuola e l'odore di legno vecchio che vi si respirava, poi la sensazione di panico, di insicurezza che ho provato nei confronti degli studenti, specie con la quinta classe. Avevo anche paura di non essere all'altezza dei colleghi e quindi avevo timore del confronto, timore rafforzato dal ricordo dei volti di alcuni colleghi che mi incutevano particolare soggezione. A riprova di quanto ero e mi sentissi inesperta, mi è rimasto impresso l'episodio di quella volta in cui, nel corridoio, mi sono, con grande fatica, attentata a chiedere ad una collega come si annotavano nel registro le assenze.

Come insegnante alle primi armi mi parve subito appassionante l'idea di essere un po' protagonista della situazione, l'idea di dover affrontare ogni giorno una nuova conquista.. Fu invece deprimente il fatto di essere sottoposta continuamente ad un esame da parte sia dei colleghi che degli alunni, ma mi sembrò addirittura scoraggiante il rendermi conto di quanto poco fossi padrona della situazione che poteva sfuggire al mio «monitoraggio», al mio controllo da un momento all' altro. Così i momenti più difficili li ho affrontati con il panico più assoluto, supportata soltanto dalla ferrea volontà di **dover** *riuscire a tutti i costi. In quei primi mesi fondamentale per me è stato l'aiuto di mia sorella che mi ha sostenuta non con parole di conforto o di commiserazione ma con parole di «sprono», dicendomi che nessuno aveva mai ritenuto che fare l'insegnante fosse un mestiere facile e che se continuavo a lamentarmi tanto.... sarebbe stato meglio per me cambiare lavoro, optando per qualcosa di più manuale e meno impegnativo. È stata quella una provocazione che mi ha davvero aiutata molto!*

Oggi *della passione delle origini mi resta solo la volontà di superare i momenti di panico,che sono dovuti anche a forti stati emotivi.*

Nessuna nuova passione è nata in me, anzi provo un senso forse di demotivazione dovuto agli scarsi stimoli ricevuti sia dall' esterno, come gratificazione sociale, che dall' interno per il poco interesse mostrato dagli alunni. E aiuti non sento proprio di riceverne da nessuno.

Vorrei eliminare la libera iscrizione alla scuola superiore, a cui bisognerebbe invece far accedere solo ragazzi in possesso di determinati pre-requisiti, stabiliti in funzione del processo formativo scelto, e da accertare attraverso un eventuale test d'ingresso attitudinale che potrebbe aiutare anche lo studente nel suo progetto di autorientamento.

Vorrei anche che non ci fossero più le burocrazie inutili che paralizzano la scuola che bisognerebbe invece trasformare in un sistema più aperto, per esempio verso il mondo del lavoro, più dinamico e flessibile.

Vorrei infine sostituire la «mancanza della progressione nella carriera», con un sistema di incentivi che potrebbe stimolare i docenti più motivati.

3. Scuola Superiore – 13 anni d'insegnamento

Ripensando al ***primo anno*** *di insegnamento mi viene alla mente innanzitutto l'entusiasmo che provavo perché finalmente entravo nella scuola (media) come vincitore di concorso, dopo sei anni di lavoro da impiegato. Tanta era la voglia di fare, di sperimentare, di fare «cultura» insieme ai ragazzi; ero molto coinvolto emotivamente sia perché era una esperienza nuova, sia per la ricchezza del rapporto educativo e umano con gli alunni ed anche con le famiglie. La mia prima classe fu una seconda media a tempo prolungato, in montagna, dove tutti mi accolsero con calore e considerazione. Organizzai una serie di proposte educative e didattiche che incontrarono tutte il favore degli studenti e che produssero testi collettivi, teatrali, giornalini scolastici. Ricordo che con uno di quei testi creativi vincemmo un videoregistratore in un concorso provinciale.*

Così mi apparve davvero appassionante la possibilità di contagiare nell'entusiasmo l'interesse e la partecipazione dei ragazzi, vedere che riuscivo a far amare la lettura, lo studio, la ricerca. Quindi non ci sono stati momenti difficili e nei «compiti» in cui mi mancava l'esperienza sono stato aiutato dai colleghi e dalla preside.

Oggi *resterebbe la passione delle origini (o quasi) se ci fossero ancora alunni disposti ad entusiasmarsi, a lasciarsi coinvolgere da un libro, da un'idea. Il problema è che negli Istituti Tecnici non c'è la varietà e la ricchezza di interessi che invece caratterizza gli studenti della scuola media. Negli Istituti superiori le scelte di indirizzo sono già state fatte: chi va bene a scuola ha già scelto i licei. In un I.T.I. è raro trovare studenti motivati per le materie umanistiche.*

In questi 13 anni non penso di essere molto cambiato, né sono nate in me passioni particolari: ho imparato ad utilizzare il computer, soprattutto per l'uso di CD Rom, ascolto molta musica (classica, antica,...). Ma, all'interno della scuola, non c'è nessuno che mi aiuta.

Eliminerei dalla scuola la rigida divisione in classi (il che aprirebbe alla possibilità di seguire corsi monografici, differenziati...); le seste ore di lezione (una sofferenza per tutti); la legge che consente di formare classi numerose (proporrei al massimo 23 alunni per classe).

4. Scuola Superiore - 16 anni d'insegnamento

Ho cominciato ad ***insegnare nel 1982*** *e ciò che subito mi viene alla mente ricordando il mio inizio è... una bistecca, che non digerii perché, proprio mentre la stavo mangiando, mi telefonarono per una supplenza ad un serale di una scuola di Modena ; per l'emozione lo stomaco mi si chiuse immediatamente. Poi ci fu il problema di come dovevo vestirmi; non sapevo che cosa mettermi, avevo paura a mostrare il mio corpo. Ma il terrore più grande era quello che scoprissero la mia ignoranza, abissale: erano adulti i miei primi studenti e non potevano essere ingannati facilmente. Così andò a finire che ebbi mal di stomaco per tutto il pomeriggio.*

Amai moltissimo alcuni studenti che poi diventarono anche miei amici; era bello quando mi convincevano ad uscire a cena invece di fare lezione. In quegli anni si poteva fumare a scuola ed io fumavo in classe. Mi piaceva il fatto che il preside mi confondesse con gli studenti, ma piangevo spesso perché l'insegnante che sostituivo mi accusava di non svolgere bene il lavoro mentre il preside mi aveva accordato fiducia. Mi piaceva uno studente e facevo lezione per lui, anche se a volte, per la stanchezza, qualche studente scappava a dormire in macchina.

Non vivevo più, studiavo sempre, però alla fine dell'anno mi sentii viva perché mi sembrava di aver superato una prova e di aver trovato un lavoro che amavo.

All'inizio ero entrata in classe con l'idea di essere alla pari con gli studenti e avevo come punto di riferimento i miei miti del liceo: il professore democratico, aperto, tollerante, non autoritario, che dà poca importanza ai voti e moltissima al rapporto umano con gli studenti. Questo mi spingeva a dire agli studenti che «avremmo imparato assieme». Mi mostrai per quello che ero: un po' spaventata, ignorante, desiderosa di comprensione. Quale errore! Ciò che pensavo sarebbe stato appassionante, e cioè fare l'insegnante democratico, era un'illusione:

i miei allievi volevano una figura autorevole, culturalmente e umanamente.

Col tempo imparai ad entrare nel ruolo, ma segratamente avevo una passione: amavo la giovinezza dei ragazzi, la loro ingenuità, ciò che traspariva tra le «crepe» del loro ruolo. Scrissi in quell 'epoca anche poesie sugli studenti in cui esprimevo il desiderio di confondermi con loro. Mi sentivo felice perché imparavo. La cosa più deprimente era la valutazione: non avevo mai amato giudicare e per me dare voti era una vera sofferenza. Correggere i temi era deprimente, angosciante ed esaltante nello stesso tempo. Deprimente è rimasta sempre l'istituzione: i presidi, la burocrazia, i verbali. Appassionante fu invece negli anni successivi trasferire nel lavoro scolastico una forma di impegno politico per cui cominciai ad appassionarmi anche ai contenuti dell'attività didattica (soprattutto alle tematiche di attualità legate ai diritti umani). Emergeva in ciò la mia anima missionaria. Povera me! Il rischio di un assorbimento totale nella scuola era divenuto realtà: legata affettivamente ed eticamente agli studenti, non avevo più scampo!

I momenti più difficili li ho affrontati nei modi più disparati: piangendo; procurandomi gastrite, colite e fenomeni ansiosi; cercando il conforto dei colleghi; cercando sempre un colloquio con gli studenti; cercando di convincermi progressivamente che la scuola non doveva essere la cosa più importante della mia vita. Fuori della scuola mi aiutavano i miei amici, dentro alcuni colleghi, pochissimi, con cui condividevo esperienze e da cui ricevevo conforto e consigli.

Oggi *della passione delle origini mi resta, circoscritto e più cauto, l'amore per gli studenti a cui, da qualche anno, si é aggiunta la passione per i contenuti; infatti provo piacere a spiegare alcuni argomenti di storia, di attualità e di poesia. In qualche modo dalla passione di «confondermi» con gli studenti sono passata alla passione di distinguermi da loro.*

Questo non lo chiamerei «passione di formare»: io non ho alcuna passione per questo tipo di attività, anzi, in questi anni sta nascendo in me una nuova passione: quella di essere me stessa.

Chissà cosa succederà nella scuola: spero proprio che se ne vada la passione di sopravvivere! Ora conto di più su me stessa anche se ci sono ancora alcuni colleghi che stanno vivendo la mia stessa «parabola» e che mi offrono il loro aiuto.

Dalla scuola eliminerei e le classi numerose e la valutazione nello studio della letteratura, perché si deve leggere non per ricevere un voto.

Non capisco però perché solo eliminare: vorrei anche aggiungere, trasformare la scuola in un luogo di esperienza, di ogni genere. Credo che ai ragazzi manchi l'opportunità di vivere esperienze in prima persona che non siano quelle veicolate dall'industria «culturale» rivolta a loro. Devono crescere emozioni e pensieri nuovi a scuola. È di moda oggi dire questo e già si fanno tante esperienze, ma troppo pilotate, troppo «impacchettate», troppo protette.

5. Scuola Media - 6 anni d'insegnamento

Sono nella scuola media ***da sei anni*** *e in questo periodo sono passata dall'insegnamento di educazione fisica a quello di insegnante di sostegno. Il primo incarico l'ho avuto in un paese sconosciuto e lontano da casa e ricordo bene l'agitazione del primo giorno e la paura di non essere accettata dalla classe e dai colleghi. Il primo volto che mi viene alla mente è quello della preside, donna dall'aspetto duro e severo con la quale ebbi subito un piccolo scontro che mi turbò, ma seppi reagire in modo positivo e propositivo, tanto che poi arrivai ad avere i suoi complimenti.*

Ciò che subito mi ha appassionata sono stati il contatto e il rapporto con gli alunni. Come insegnante di educazione fisica non ricordo nessuna sensazione negativa o deprimente, ma come insegnante di sostegno ho dovuto affrontare situazioni alquanto sgradevoli con i colleghi che non capivano il mio impegno e che con questo modo di fare creavano condizioni sfavorevoli per un sereno sviluppo del rapporto con gli alunni.

I momenti difficili sono spesso stati legati agli spostamenti di sede, che richiedevano un ricominciare da capo. Alcune colleghe meravi-

gliose e sempre disponibili mi sono state d'aiuto, stimolo e incoraggiamento, offrendomi consigli e aiuto pratico.

Della passione delle origini ***oggi*** *mi resta il rapporto con i ragazzi che offrono un mondo sempre nuovo, si aspettano molto dagli insegnanti e hanno bisogno di essere seguiti ed aiutati nella loro formazione. Una passione nuova nata in me è quella di conoscere meglio il mondo degli alunni handicappati che mi sono affidati, quindi il bisogno di conoscere la psicologia. Pur essendo più sicura e più autonoma, rispetto all'inizio, trovo sempre più importante la collaborazione dei colleghi.*

La scuola media mi pare organizzata in modo completo ed ampio, così non trovò nulla da cambiare. Mi sembra però auspicabile un continuo aumento e miglioramento della sensibilità degli insegnanti che rappresentano l'elemento fondamentale della scuola.

6. Scuola Media - 14 anni d'insegnamento

Insegno da 14 anni *nella scuola media e ripensando al mio primo anno rivedo subito davanti tanti occhi pieni di attese che guardano me che non sono mai stata da questa parte della cattedra. Loro mi sembrano tanti (27) e tanto piccoli (è una prima media) nella prima settimana; tanto grandi nel proseguimento dell'anno (sono passata in una terza). Mi stupisce che quei ragazzoni alti un metro e ottanta e con piedoni giganteschi mi ascoltino e diventino mogi mogi, quasi vergognosi, quando li sgrido o li colgo in qualche mancanza. Hanno bisogno di me, mi chiedono di tutto, cercano sicurezza, vogliono capire chi sono io e mi chiedono tante volte: «Vero prof.?», «Lei non farà così, vero prof.?», «Ci porterà in gita, vero prof.?», «Mangerà insieme a noi, vero, prof.?».*

Capii subito che potevo essere una presenza importante nella vita di quei ragazzi e non solo colei che doveva pensare alla loro istruzione. Capii che non dovevo solo trasferire le mie conoscenze (e già mi sembrava una cosa bellissima) ma ogni giorno mettermi in gioco come insegnante e come persona: non lo avevo mai sospettato. Dove-

vo captare tutto da loro e imparare dal loro linguaggio, dai loro gesti, dagli atteggiamenti com'era la vita nella loro percezione.

Mi lasciai coinvolgere in questo gioco di rapporti e di relazioni in cui entrambi imparavamo e cambiavamo. Imparai ad avere rispetto e attenzione anche per aspetti che avevo considerato marginali o infantili e ad usare tanta delicatezza nell'ascoltare e nel parlare dei problemi e degli argomenti che uscivano da loro. Nello stesso tempo volevo trasmettere serenità, fiducia, forza intellettuale, serietà, perché sentivo le loro incertezze e volevo che sapessero che su di me potevano contare per le cose importanti. Cercai di affinare questo equilibrio senza lasciarmi travolgere e senza cadere nelle discussioni futili. Mi piaceva però anche rallegrarli e sviluppare un certo senso dell' umorismo. Mi piaceva inoltre trovare sempre il modo di suscitare l'interesse e la curiosità di imparare.

Su questo versante nessuno scoraggiamento, nessuna depressione: è ancora oggi l'aspetto che mi appassiona, che mi tiene legata saldamente a questo lavoro, che mi permette di riuscire sempre a parlare, ad ascoltare e a capire i «miei» ragazzi, ma anche ad «innamorarli» alla lettura, alla poesia, alla storia...

Deprimente è ciò che è «altro» da loro: l'indifferenza e l'incomprensione della società nei riguardi dei giovani e della scuola; le necessità della scuola - burocrazia; lo studio a volte rifiutato; le difficoltà di incidere di più sulle capacità di apprendimento e di lottare contro situazioni oggettive.

Nei momenti più difficili ho cercato di capire e di intervenire, con la fortuna di potermi confrontare con colleghi sensibili e preparati. Ho cercato anzitutto dentro di me le risorse per affrontare i problemi e per trovarne la chiave di lettura. Anche attraverso il colloquio con gli altri e i consigli delle persone giuste ho capito che dovevo sempre contare sulla forza dei principi. Sono stata quindi aiutata con consigli e sostegno da parecchi colleghi dotati di volontà, impegno e sensibilità ed anche da un preside che riusciva a trasmettere la forza delle sue certezze e stimolava sempre alla positività. Mi è stata infine di aiuto la consapevolezza di stare svolgendo un lavoro utile a dei ragazzi nel momento più delicato della crescita.

Oggi *la passione delle origini è ancora viva nel rapporto con i ragazzi e nella ricerca di rendere sempre più efficace il mio modo di insegnare, anche se la fatica quotidiana, e soprattutto gli ostacoli esterni, smorzano piano piano l'entusiasmo, che però è duro a morire.*

Una nuova passione nata in me in questi anni è quella legata alla coltivazione di piante: seminare, zappare, rimboschire, annaffiare, curare in ogni modo piante di ogni tipo. La lettura rimane l'altra grande passione, la prima.

Oggi mi aiutano l'ottimismo della volontà, la collaborazione con persone con cui ho affinità ed i ragazzi stessi con i loro bisogni ed il loro affetto.

Nella scuola eliminerei (ma non necessariamente nell'ordine indicato): la burocrazia (a partire dal registro),le leggi, le disposizioni, le circolari a ripetizione per fare e disfare; i banchi scomodi, le strutture ed i ritmi di lavoro opprimenti; il personale poco motivato e/o inadeguato nel rapporto con adolescenti.

7. Scuola Superiore - 15 anni d'insegnamento

Insegno da 15 anni *lettere nella scuola superiore e del primo anno ho un ricordo davvero entusiasmante, perché finalmente potevo divulgare ad altri quello che avevo appreso, e comunicare, motivare giovani alunni allo studio della letteratura. C'era anche un bel clima di solidarietà e amicizia tra noi insegnanti alle prime esperienze, e questo si concretizzava in momenti conviviali nei bar prima dei consigli di classe e dei collegi docenti.*

Allora era appassionante poter trasmettere le proprie conoscenze, la cultura acquisita negli anni di Università, e poter instaurare con gli alunni un rapporto meno rigido e meno autoritario di quello avuto con i propri insegnanti. Scoraggiante era invece il fatto che gli alunni non erano come quelli idealizzati durante gli anni di studio; spesso mi accadeva di scontrarmi con l'indifferenza, la demotivazione totale accompagnate anche da arroganza e maleducazione che rendevano irrealizzabile un rapporto insegnante-alunno non basato su autoritarismo e rigore. Il fatto poi di essere giovani veniva considerato dagli alunni come un elemento sfavorevole, come se fosse l'equivalente di una non adeguata esperienza. Anche l'essere supplente spesso, non solo per gli alunni ma anche per i docenti, metteva il mio ruolo in una luce negativa. Nei momenti difficili a momenti mi veniva da piangere per il nervoso se pensavo che alla gente era offerta una così grande possibilità di istruzione e questa veniva respinta o osteggiata: non mi sembrava possibile. Solo focalizzandomi sui volti degli studenti volonterosi, educati, rispettosi riuscivo a pensare che ne valesse comunque la pena. Nei momenti difficili non mi ha aiutata nessuno, ho fatto ricorso solo alle mie forze.

***Oggi** altri valori sono subentrati: la famiglia occupa il primo posto, e quindi non faccio sacrifici simili a quelli fatti all'inizio di carriera. Insegno per il mio personale piacere e continuo a studiare, anzi mi sento una perenne studentessa. Altre passioni nate in me sono quella per le cose belle, per l'arte, per la difesa delle bellissime nostre proprietà artistiche ed anche la passione per la lettura.*

Eliminerei dalla scuola, innanzitutto la maleducazione e la mancanza di rispetto reciproca; inoltre le classi superiori a venti alunni.

Mi piacerebbe anche che ci fosse un orario scolastico di tipo anglosassone, 9-12,14-17, e il sabato libero, per consentire ai ragazi di stare con le famiglie e ai docenti di non litigare per il giorno libero.

8. Scuola Media - 22 anni d'insegnamento

Per me il primo anno di insegnamento è stato quello in cui ho avuto la cattedra completa di insegnamento curricolare, piuttosto che l'anno in cui ho effettivamente cominciato e in cui facevo l'attività di doposcuola.

***Il ricordo dei miei inizi** nella scuola media è molto vivo: grande affiatamento con la collega dell'altro corso; buoni rapporti con una preside presente, ma non opprimente; discussione con la preside su un giudizio che ho ancora ben presente «precisione insufficiente» (secondo la preside non si poteva usare quell'espressione); piano di lavoro* *restituito perché fosse completato; ragazzi, ragazzi, ragazzi... chi faceva due chilometri a piedi ogni mattina per prendere il pulmino, dopo aver lavorato nella stalla, chi non era mai stato a Bologna, il primo ragazzo difficile, che viveva sempre al bar, il primo «vaff...» detto da un ragazzo e l'intervento positivo della preside... Nel complesso un anno tranquillo in una scuola che pareva una famiglia di cui la preside era buona conduttrice.*

Era appassionante il rapporto affettivo con le prime classi, l'impegno dei ragazzi e l'interesse che manifestavano per la matematica, materia odiata fino a quel momento. Era deprimente non riuscire a interessare alcuni ragazzi e la consapevolezza che certe lacune non erano più recuperabili in prima media. In quei momenti la famiglia è stata la valvola di sfogo dello stress e l'estate è stata sempre il momento dei ripensamenti didattici per ricercare materiali e strategie nuove. Il confronto con i colleghi è stato utile a farmi capire che c'erano problemi comuni e a togliermi il senso di inadeguatezza; ora ci sono invece colleghi che mi fanno l'effetto opposto.

***Oggi** della passione delle origini mi resta «l'amore» per la matematica: ci sono sempre nuove scoperte, collegamenti, approfondimenti possibili...*

Per il resto, il medico omeopata mi invita a lavorare di meno e a pensare di più al benessere fisico e psicologico...

Vorrei eliminare dalla scuola le promozioni quasi automatiche; l'eccessiva burocrazia e la facoltà di iscriversi a qualunque scuola, indipendentemente dalle reali capacità, con tutte le conseguenze del caso.

9. Scuola (non dichiarata) - 29 anni d'insegnamento

*Del mio **primo anno** ricordo bene soprattutto lo scontro con la presidenza: erano gli anni in cui essere di sinistra era una scelta paralizzante e il collegio docenti era spaccato tra destra e sinistra. A questo tema si collegano molte emozioni: lo scoraggiamento per la personalizzazione dello scontro ideologico, lo squallore delle critiche, il livello* *dei pettegolezzi. Era però appassionante il rapporto con gli studenti del tempo: motivati, desiderosi di conoscere, leali nei confronti dei docenti; era anche positivo il rapporto con i docenti più esperti e motivati. Erano tempi in cui l'appartenenza politica e sindacale tutelava il docente e c'è in me qualche rimpianto nel fare questa riflessione.*

***Oggi** non c'è più la passione del primo anno, ma la curiosità di vedere come andrà a finire e accanto un preciso impegno politico e civile, sostenuto anche dai colleghi più motivati e meno frustrati.*

Nella scuola attuale eliminerei l'individualismo; la burocrazia; il tempo parziale; l'impossibilità di licenziare.

10. Scuola (non dichiarata) - 28 anni d'insegnamento

*Anche se **sono 28 anni che insegno**, mi ricordo tutto del mio **primo anno** quando fui assegnato ad una scuola media che, se pur era una sede lontana, mi ha dato la fortuna di sperimentare la scuola nel suo aspetto migliore. Infatti è stata un'esperienza accompagnata dal senso di reciprocità del dare e del ricevere. I ragazzi venivano a scuola volentieri dato che era l'unico luogo di incontro e socializzazione. Erano dispiaciuti se io mancavo o arrivavo in ritardo; anche la gente del paese era molto cordiale e questo mi faceva sentire parte di una Comunità, non solo di una società. Ricordo che l'edificio scolastico era nuovo, ampio, luminoso e aveva grandi vetrate da cui era riposante osservare l'ovattata distesa dei campi.*

Questa appassionante esperienza non potrò mai dimenticarla e mi ha accompagnato e sostenuto anche negli anni successivi, quando ho incontrato classi meno disponibili. Comunque con quei miei primi alunni era stimolante trovare strategie per aiutarli anche in modo individualizzato... Ricordo in particolare un alunno che faceva mediamente 50 errori di ortografia per tema e che riuscii gradualmente a farlo scrivere in modo corretto. Sentivo di essere protagonista, assieme ai ragazzi, della costruzione di un avvenire migliore. Ho affrontato i momenti più difficili intensificando il lavoro ed arrampicandomi sugli specchi per trovare una soluzione che spesso non esi-

steva, o che comunque non dipendeva che in parte da me. Ripenso ancora ai molti che mi hanno aiutato, come docenti universitari e colleghi che avevano più fantasia di me. Mi è' stato di aiuto anche l'aver frequenatato ambienti tanto diversi (la scuola Media, il Professionale, il Tecnico, il Liceo, la fabbrica, il lavoro politico).

***Oggi** non è cambiato nulla, se non nel sociale, e sarebbe troppo lungo elencare tutte le passioni che sono nate in me in questi anni. Chi soprattutto mi aiuta oggi è la vegetazione lussureggiante.*

Io vorrei che ogni scuola assomigliasse ad un campus dove fosse proibito il traffico auto nel raggio di un chilometro; vorrei anche che alla scuola si aggiungessero degli spazi e mi piacerebbe ci fossero delle brandine per un rapido riposo.

11. Scuola Media - 27 anni d'insegnamento

*Ho cominciato ad insegnare nella **succursale di campagna** di una scuola media in un paesino di una lontana regione. Ricordo l'aula buia, piccola, disadorna, quasi uno specchio dell'ambiente esterno vecchio, retrogrado, ostile. Venivo da lontano, da una grande città piena di vita e mi sentivo così estranea, avevo molta difficoltà a comunicare il mio stupore di fronte ad un ambiente così diverso, ed anche a toccare con mano la povertà delle famiglie. Di contro, il mare in inverno, il tempo libero (avevo un incarico di sole 10 ore) e il senso di libertà.*

All'inizio non mi apparve appassionante quasi nulla, poiché mi sembrava che niente di ciò che sapevo potesse essermi utile ad affrontare la professione. Fu deprimente l'impatto con un ambiente scolastico chiuso, antiquato, con colleghi anziani, di idee «reazionarie» e con colleghi più giovani il cui unico interesse pareva fosse «il posto sicuro». Ricordo che venne bocciata una mia proposta di nuova adozione di un' antologia perché conteneva un brano tratto dal romanzo «Metello» di Pratolini che parlava di sciopero. Fu anche scorag-

giante constatare l'enorme scarto tra gli ideali (cambiare il mondo, la società, la scuola) e la realtà.

Ho affrontato i momenti difficili spesso in totale solitudine, cercando di rivedere in modo autocritico il mio metodo, il mio modo di pormi di fronte ai ragazzi e confrontandomi a volte (poco) con qualche collega. In quel paese lontano (in tutti i sensi possibili) l'aiuto è stato quasi nullo. Invece negli anni successivi a Modena ho potuto contare sul confronto e sulla collaborazione di alcune amiche/colleghe e sui corsi di aggiornamento sulla didattica, anche presso il Movimento di Cooperazione Educativa.

***Oggi** la passione, che non c'era se non in astratto alle origini, è più forte, perché si è formata nel tempo con l'esperienza, con l'acquisizione di competenze e con il conforto dei risultati raggiunti. Altre passioni nate negli anni sono ugualmente legate alla metodologia (fare una scuola il più possibile creativa che dia momenti e spazi alla fantasia attraverso attività pratiche: legatoria, scrittura creativa, educazione alla lettura, laboratorio teatrale), ma anche ad aspetti culturali generali: la lettura, il cinema. Trovo ancora aiuto nel confronto e nella collaborazione con alcune colleghe e amiche.*

Dalla scuola eliminerei l'eccessiva richiesta di valutazioni; le interrogazioni orali; la correzione dei compiti a casa. Proporrei per questo un orario lungo che esaurisca a scuola i compiti dell'insegnamento e vorrei anche che fosse incentivata la professionalità per rendere così il lavoro più qualificato, in modo che sia più considerato anche a livello sociale.

12. Scuola Media – 28 anni d'insegnamento

*Se ripenso al mio **primo anno** d'insegnamento risento innanzitutto dentro di me la coscienza di essere per la prima volta «dall'altra parte» che mi fa decidere di eliminare il simbolo della separazione: non mi sono mai seduta alla cattedra (mi vergognavo anche a issarmi là in alto). Penso che sia partito da lì il tentativo di togliere al mio far scuola ciò che non mi era piaciuto in quella che avevo frequen-*

tato da scolara (in primo luogo il distacco, poi la non totale ma molto generalizzata mancanza di slanci intellettuali da parte dei docenti). Ricordo poi il panico della prima nevicata: arrivo nel paese di montagna dove insegnavo da neppure due mesi con un'ora di ritardo. Cuore in gola per la preoccupazione, ma la scuola è chiusa, il paese deserto e lo spartineve ha aperto la strada solo verso monte. Non posso neppure dimenticare la faccia del preside che mi convoca nel suo studio e, mentre beve liquore da una bottiglietta, mi intorroga per indagare sulla mia moralità, sospetta visto che ho adottato come testo di narrativa «La ragazza di Bube» di C. Cassola. Alcuni genitori si sono mossi in tal senso presso il prete del paese (che non mi dice nulla) e presso d lui. In più occasioni, durante i pranzi in trattoria in attesa dell'ora dei Consigli di Classe, il preside si rammarica di non poter associare il ristorante, di sua proprietà, ad un'altra attività molto redditizia che potrebbe svolgersi nelle stanze del piano di sopra. Ogni volta che il preside chiama «Claretta» una collega di nome Clara, non posso fare a meno di pensare alla Petacci.

Poiché completo uno spezzone con l'interscuola, verso le 14 comincio a scendere verso casa; sulla strada incrocio mio marito che insegna in un paese più in basso e che, anziché aspettare, mi viene incontro a piedi. Un giorno alla settimana inizio le lezioni alle 11, ma salgo comunque presto per la prima ora di mio marito; arrivata al «mio» paese, mi sistemo all'ultimo tavolino di un bar pizzeria, ordino qualcosa e correggo i compiti degli scolari. Ricordo ancora la nebbia e il buio sulla strada del ritorno, dopo i consigli di classe, d'inverno.

Una mattina vengo a sapere che il giorno prima io sono passata sulla strada verso valle, ma il pullman con gli studenti no, perché grossi massi sono precipitati dalla montagna (a quanti secondi da me?) e hanno bloccato il traffico. Una volta urto lievemente con un pullman incrociato su una lastra di ghiaccio: ho paura, freno e sbando.

Faccio la spesa dal macellaio del paese: l'igiene della botteguccia non sembra al massimo, ma la carne è buona. Sapore eccezionale del brodo al pranzo di fine anno scolastico, organizzato in canonica dal parroco-docente di religione, e il menù dà una giustificazione all'ampia curva del ventre del religioso.

A settembre una bambina che non si presenta all'esame di ripara-

zione; io prendo la 500, vado verso casa sua, rovino un paio di scarpe nuove ad attraversare un'enorme pozzanghera che blocca la strada, carico la scolara e la porto a sostenere la prova (stava ancora aspettando che il parroco le comunicasse la data dell'esame).

Dopo un anno di quasi 70 Km di su e giù quotidiani per le strade del fondovalle Secchia, quando incontro una macchina di sciatori che il sabato salgono verso la montagna, penso: «Ma dove vanno quei cretini?».

Ripensando alle mie emozioni di insegnante alle prime armi, già il fatto di poter fare il lavoro per il quale avevo scelto il mio corso di studi era di per sé gratificante. Prima che diventasse fatica brutale, anche l'andare avanti e indietro quotidiano sapeva di avventura. Mi entusiasmava poter fare scelte non ancora «canoniche» che mi facevano sentire giovane insegnante protesa al cambiamento: adottare un romanzo fuori dagli elenchi dei testi per la scuola, far seguire sui quotidiani le fasi finali della decolonizzazione in Angola e Mozambico. Mi sentivo dalla parte dei ragazzi. Non mi andava la burocrazia (invero allora alquanto contenuta rispetto all'orgia che se ne fece poi) la quale imponeva, ad esempio, la compilazione dei famosi (o «famigerati») libretti, con esteso giudizio finale. Trovavo scandaloso che esseri, a mio parere indegni, potessero avere posti di responsabilità nel settore educativo; non avevo ancora abbastanza esperienza per sapere che quella che mi sembrava un'anomalia era invece una norma. Nel complesso, però, il bilancio era senz'altro positivo, perché nulla, e per molti anni, mi ha tolto lo slancio verso il mio lavoro.

Ho affrontato i momenti più difficili dicendo quello che pensavo e difendendo ciò di cui ero convinta ed è stato un aiuto importante parlare con mio marito, che fa il mio stesso lavoro. Poi avevamo un gruppo di amici, tutti insegnanti, con i quali ci trovavamo per discutere problemi scolastici: ci piaceva parlare di quegli argomenti e spesso tutto finiva in cena.

***Oggi** non mi illudo più di cambiare nulla. Mi piace ancora guidare i miei scolari a ragionare, nella speranza che imparino a giudicare autonomamente e a diventare almeno un poco critici verso la sottocultura che assorbono dall'ambiente esterno. In questi anni mi sono sempre più allontanata dai problemi scolastici (ho odiato gli anni* *delle tassonomie e della valutazione dilagante), ed ho acquisito il gusto dello studio autonomo di argomenti che mi interessano e dello scrivere su di essi. Ad aiutarmi è ancora e sempre mio marito. Da molto tempo non mi sento una che «cresce con i ragazzi», né so bene se mi sono mai sentita tale.*

Per rendere la scuola un luogo in cui lavorare volentieri, eliminerei:

- il fondo incentivante e tutti i furbi da esso indotti a infilarsi in molte commissioni per attività «incentivate». Mi rendo conto che, con la tabulazione pagata di ogni lavoro (e di tante chiacchiere inconcludenti) sono riusciti a farmi sentire una cretina quando lavoro fuori orario (ma aihmè sempre meno) e senza «incentivi». Ovviamente il fondo incentivante dovrebbe essere sostituito da un aumento tout-court dello stipendio e da una seria selezione delle assunzioni;

- il «buonismo» che vede solo i problemi del recupero e non si rende conto che, intanto, il valore culturale e formativo della scuola sta andando a rotoli. Perché il Provveditorato autorizza distacchi solo sui «ragazzi con problemi»? Quando sarà valorizzato il capitale culturale degli insegnanti sul potenziamento?;

Non so come si possa fare, ma certo vorrei la bacchetta magica per togliere l'influsso esterno (famiglia, Tv) verso la faciloneria, il pressapochismo, la violenza della confusione, la mancanza dei limiti, un senso distorto dei diritti mai associato alla coscienza dei doveri. E non mi si dica che questo si elimina con la scuola. Certo, la scuola ci prova e anch'io continuo ostinatamente a provarci: ma si soccombe perché gli influssi «altri» sono sempre prioritari per durata nel tempo e per livello accattivante di gradibilità degli emittenti «concorrenti».

13. Scuola Superiore - 30 anni d'insegnamento

Anche ***dopo 30 anni*** *ricordo tante cose del mio primo anno di scuola. Innanzitutto le emozioni: quella mista di incredulità e di piacere nel ritrovarmi, dopo anni di studio, dalla parte della cattedra, poi il senso di responsabilità, ma anche di inadeguatezza perché, se pur laureata in lettere, mi sentivo priva di una preparazione didattica. Poi* *ci sono i volti; quelli di 36 ragazze di IV magistrale di fronte a me, attente e disponibili, contrapposti ai volti arcigni di preside, vicepreside e di alcuni colleghi che sentivo lontanissimi dal mio modo di essere e di pensare. Ricordo ancora il sovraffollamento di aule, corridoi e scale del palazzo per abitazioni civili che ospitava l'Istituto Magistrale Statale «Galizia» di Nocera Inferiore (Salerno); il rumore dei treni che passavano davanti alla scuola (era la linea Roma - Reggio Calabria); il profumo delle rose e roselline di maggio che tenevo tra le mani con i libri, dono spontaneo e festoso delle alunne; mi risuonano nella mente «signorina professoressa», «signorì», gli appellativi con cui le alunne mi si rivolgevano, e insieme le parole per me assurde e incomprensibili di colleghi «anziani» sulla scuola e sui metodi d'insegnamento.*

Subito mi apparve appassionante «insegnare» nel senso più completo del termine a tante ragazze, prive di strumenti e conoscenze, provenienti da ambienti familiari e socio-culturali svantaggiati, ma molto desiderose di apprendere, di imparare tutto. Deprimente era invece la situazione materiale in cui mi trovavo ad insegnare, l'organizzazione scolastica. Estremamente scoraggiante infine era dover lavorare con colleghi con cui sentivo di condividere ben poco: parlavamo linguaggi diversi.

Nei momenti più difficili ho fatto appello alla mia voglia di superare le difficoltà; ho affrontato i problemi affidandomi a letture che potessero aiutarmi, alla mia esperienza di studentessa e a quella di mio padre insegnante. L'aiuto mi è venuto dai pochi colleghi con qualche esperienza più di me, che sentivo più vicini al mio modo di pensare, con cui discutevo e mi confrontavo.

Oggi *mi sento di dire che, nonostante tutto, la passione delle origini è rimasta piuttosto forte e motivata, anche se cambiata, più consapevole e responsabile. In questi anni si è sviluppata in me la passione di affrontare il lavoro con maggiore professionalità e competenza, di sperimentare nuove metodologie e trattare nuovi contenuti. Mi è di aiuto il lavoro più sistematico ed organizzato con un gruppo di colleghe della stessa materia e il confronto con diversi altri colleghi con cui sento di condividere la mia idea di scuola.*

Dalla scuola eliminerei l'affollamento delle classi (20 alunni per classe sarebbe una situazione ottimale); tanti adempimenti burocratici o che diventano tali nella quotidianità e tutto ciò che ostacola un lavoro finalizzato ad un apprendimento reale che sia riconosciuto e gratificato in quanto tale, un lavoro non volto solo a mostrare una certa « immagine».

14. Scuola Superiore - 10 anni d'insegnamento

Ho cominciato ad insegnare ***dieci anni fa*** *al Liceo Classico Muratori. Ero molto agitata nel momento in cui stavo per varcare la soglia dell'edificio nel tepore, insolito, di una giornata autunnale che rendeva l'atmosfera irreale. Mi aveva accompagnato a scuola mio padre che mi salutò con parole di incoraggiamento. Ricordo il volto della mia ex insegnante di ginnasio che in quella mia prima supplenza sostituii e mi sembra di rivedere davanti a me il lungo corridoio che dovetti attraversare per arrivare all'aula. Mi appassionai subito all'insegnamento anche perché gli studenti si dimostrarono disponibili, ma dovetti anche subito constatare che non avevo la formazione adeguata per insegnare e capii che avrei dovuto lavorare parecchio per imparare ad insegnare.*

Nei momenti più difficili ho dovuto forzare la mia natura di persona tranquilla per cercare di acquisire la «grinta» e la «determinazione» necessarie per farmi rispettare sia dagli studenti che dai colleghi.

Non ho trovato in quelle occasioni nessun tipo di aiuto nella scuola, ma solo negli amici e nei familiari che mi hanno sempre incoraggiata a superare le difficoltà; soprattutto però ho dovuto contare su me stessa lavorando con coscienza per ottenere rispetto e offrire agli alunni il mio contributo di educatore prima che di insegnante.

Oggi della passione delle origini mi è rimasto poco, ma sento ancora la voglia di migliorare i miei rapporti con gli studenti.

Vorrei eliminare dalla scuola la burocrazia legata alla valutazione e l'obbligo per gli studenti di stare sempre nella stessa classe. Riguardo al primo punto, penso che sarebbero sufficienti due interrogazioni orali per quadrimestre e delle «pagelline informative»; riguardo al secondo vorrei che ci fossero le classi aperte.

15. Scuola Superiore - 12 anni d'insegnamento

Sono nella scuola media superiore ***da 12 anni****, anzi per la precisione dal 23 Settembre del 1986, un lunedì. Fu infatti quello il giorno in cui entrai per la prima volta nell'istituto ITIS Corni di Modena per insegnare misure elettriche, una materia nuova per me, «non fatta all'università». La classe era composta da 15 alunni maschi ed io avevo una paura folle. Ma l'accoglienza da parte degli alunni, con cui andai poi in gita ad Amsterdam, fu straordinaria; i ragazzi si dimostrarono comprensivi considerando il fatto che era il mio primo anno di insegnamento.*

Ho trovato molto scoraggiante e deprimente all'inizio essere costretto a studiare «i concetti difficili» di una materia tecnica; io infatti, per mia predisposizione, sarei stato più adatto all'insegnamento in un Liceo. Il rapporto con gli alunni fu però appassionante, punteggiato da episodi simpatici, come quello dell'alunno che mi offriva prezzi scontati nell'officina di suo padre, e le partite a tennis con loro nei pomeriggi liberi. I rapporti poi non sono finiti, tanto che tre anni fa quei ragazzi mi hanno invitato a cena con loro. Pensavo che tutte le classi sarebbero state così, ma mi sbagliavo. Sono sopraggiunti momenti difficili, superati grazie all'aiuto di colleghi che mi «hanno dato una mano», anche se oggi tutti quei colleghi non li vedo più. Uno in particolare, che oggi è in pensione, in un momento in cui ero molto abbattuto e avrei voluto mollare tutto, mi convinse a non abbandonare la scuola, dicendomi che questo nuovo periodo di studio sarebbe stato come il 21° esame. In effetti nei primi due anni ho dovuto studiare molto, sono stati anni difficili, ma oggi conosco la materia., per la quale non avevo alcuna passione, ma solo paura di sbagliare.

Oggi *mi è rimasto il gusto di imparare cose nuove, ma non sono nate nuove passioni perché tanto è inutile impegnarsi, i ragazzi studiano meno e vogliono ugualmente andare bene. Oggi non mi aiuta più nessuno, rimangono solo scambi di vedute, con alcuni colleghi.*

Vorrei eliminare dalla scuola i debiti formativi e reintrodurre gli esami di riparazione; i colleghi imboscati; lo stipendio non adeguato; dover lavorare anche per altri colleghi, e la mancanza di aiuto dalla presidenza.

16. Scuola (non dichiarata) - 26 anni d'insegnamento

Il mio ***primo anno*** *l'ho fatto o Muro Lucano, in Basilicata, dove ho avuto un incarico di dodici ore. Essendo napoletano ero uno straniero nel paese, ma quella situazione, invece di mettermi in una condizione di isolamento, ha fatto sì che gli allievi, i colleghi, il Preside, i bidelli mi trattassero con riguardo e così poche e controllate furono le mie emozioni. Di quel piccolo paese mi sembra ancora di sentire l'odore del pane appena sfornato, l'odore dei boschi vicini e di rivedere gli anziani vestiti con il «barracano», un mantello a ruota, che contrastava nero contro il bianco della neve. Mi sembra ancora di risentire le parole semplici degli alunni, quasi tutte in dialetto.*

Mi appassionai quindi subito per l'immediata disponibilità degli allievi, desiderosi di apprendere; nessun sintomo di scoraggiamento né fenomeni deprimenti, predominava l'entusiasmo delle origini. I momenti più difficili li ho affrontati solo con me stesso, vincendo tutte le difficoltà con molta energia e fermezza, senza l'aiuto di nessuno, né dentro né fuori la scuola.

Oggi *della passione delle origini non resta quasi niente perché, in ventisei anni, penso di avere assistito alla distruzione sistematica della scuola, e non credo che il fondo sia stato ancora toccato. In questi anni sento di essere diventato soprattutto un libero ricercatore e pensatore, aiutato solo dalla «sophia», la conoscenza.*

Queste sono le cose che eliminerei dalla scuola: la cultura ufficiale, trasmessa dai libri di testo che peggiorano di anno in anno; alcuni presidi e alcuni insegnanti e la burocrazia.

DALLE INTERVISTE[7]

1. 15 anni di insegnamento

*Il mio **primo anno** di insegnamento è stato al Venturi nel 1985. Arrivai qui perché sapevo che le graduatorie erano esaurite, mentre al provveditorato di Napoli, presso il quale avevo già fatto domanda, i tempi d'attesa delle graduatorie erano lunghissimi. Innanzitutto dovetti affrontare delle dure lotte in famiglia, perché soprattutto mio padre era molto scettico sulla reale possibilità che mi potessero chiamare e quindi non approvava il mio trasferimento. È stata proprio una lunga lotta, secondo lui non mi avrebbero mai chiamato e ne era certo perché già mia sorella, nonostante avesse vinto tre concorsi e fosse iscritta da anni ormai alle graduatorie, non era mai stata chiamata, figuriamoci io che mi ero appena laureata! Comunque lo rendeva tranquillo il fatto che sarebbero venute con me alcune amiche, cosa che in realtà non accadde perché io fui chiamata in novembre e per insegnare un anno intero, e loro invece in febbraio e solo per supplenze brevi.*

Arrivai quindi a Modena accompagnata da tutta la famiglia.

Il primo giorno di scuola ero senza dubbio disorientata. L'ambiente era completamente diverso, perlomeno rispetto a quello che avevo vissuto durante le mie uniche precedenti esperienze e vale a dire nei due mesi di supplenza in due diverse scuole di Napoli. C'era una gestione delle classi completamente differente ed un orario complicatissimo, in cui erano appuntate tantissime cose, perciò quel giorno ne fui proprio spaventata.

In sala insegnanti fui accolta immediatamente da P. anch'egli napoletano, il quale si affrettò ad indicarmi il mio cassetto. Mi spiegò che si trovava nell'armadietto dei meridionali: «...perché in questa scuola c'è una certa regola, il regno delle due Sicilie» mi disse, ma

[7] Trasposizioni in forma narrativa di Flavia Lo Mastro

doveva essere senz'altro una cosa scherzosa, perché di meridionali ce n'erano davvero tanti. Subito dopo mi presentò l'uomo che in futuro sarebbe diventato mio marito e fu un incontro disastroso. Ero appena arrivata, intimorita, impacciata, non sapevo proprio come muovermi e non dovevo avere di certo un bell'aspetto, perciò non mi stupii quando, più avanti, mi confidò di avermi definita «racchia» quel giorno!

Ricordo poi di aver sentito, lungo il corridoio, fortissimo ed inconfondibile l'odore della ceramica dei lavori fatti dai ragazzi e di essere stata colpita dalla grande vetrina in cui erano disposti questi oggetti; poi finalmente entrai nell'aula che poco prima mi avevano indicato essere la mia.

Oggi, *quell'aula, non la ricordo affatto. Ricordo il gran rumore di banchi, di persone che si muovevano e di altre che stavano immobili, ma non i loro visi. Ricordo tutta questa attenzione su di me; c'era stato un attimo di panico perché io iniziai a parlare in modo rapidissimo, come peraltro ho sempre fatto, soprattutto da più giovane, quando ero molto emozionata; ricordo che i ragazzi mi avevano sicuramente ascoltata, ma non avevano capito niente e dunque dovetti ripetere tutto. Sicuramente mi trovai di fronte anche ad un problema di comunicazione: il mio accento era diverso ed oltretutto usavo anche vocaboli differenti. Dalle nostre parti, per esempio, gli insegnanti non dicono: «Vi dò i compiti per casa» ma «vi dò l'assegno per casa». Così, di fronte a questa mia affermazione, i ragazzi mi chiedevano se davvero avrei dato loro dei soldi ed io continuavo a non capire che il termine assegno era qualcosa che non condividevamo. Poi ci siamo messi d'accordo ed è andata bene.*

Quel mio primo anno d'insegnamento è stato meraviglioso, ha segnato non solo l'inizio della mia vita lavorativa, ma anche della mia prima esperienza di vita fuori casa, della mia indipendenza, in un'altra città, dove avrei conosciuto le persone più importanti della mia vita affettiva e lavorativa, quali mio marito e, tra gli altri, l'attuale vicepreside del Venturi stesso.

Devo dire che inizialmente ho avuto paura, non ero abituata a vivere da sola, ad essere indipendente, ma dopo poco arrivò una nuova insegnante, anch'ella giovane e proveniente da un'altra città ed insieme affittammo un appartamento.

Mi sono trovata bene anche a scuola, i ragazzi non erano poi così terribili e mi hanno dato anche qualche soddisfazione, nonostante vedessi ogni classe per sole due ore. Mi appassionava il fatto di scoprire qualcuno intuire per primo le cose, mi sentivo veramente rinascere.

Certo ho vissuto anche dei momenti scoraggianti, soprattutto quando mi scontravo con la loro indifferenza, quando non riuscivo a coinvolgerli; per me era un dispiacere che prendevo come un fatto personale, ma, nel complesso, mi piaceva il rapporto con gli alunni. Nonostante fossi molto giovane ho sempre cercato di mantenere le distanze, di non creare mai un rapporto confidenziale, perché mantenessero il rispetto nei miei confronti, cosa cui tenevo molto, e certo non è sempre stato facile! Devo dire che tutt'oggi faccio fatica ad ottenere un certo rigore dagli alunni, forse non riesco ad impormi, soprattutto con i ragazzi più giovani delle classi del ginnasio e per questo mi trovo sicuramente meglio con le ultime classi, alle quali non serve ripetere in continuazione le stesse cose perché ascoltano con attenzione, prendono appunti, insomma, danno soddisfazione.

Ripensando comunque ai momenti più difficili credo che ancor peggiori siano stati quelli riguardanti i diversi parametri di valutazione. Non tanto per le prove scritte dove ci sono dei canoni che, se rispettati, permettono di mantenere equità nella valutazione dell'intera classe, quanto per il giudizio delle prove orali. Innanzitutto ho sempre vissuto l'angoscia di essere io stessa troppo presente durante l'interrogazione o comunque di rischiare di far prevalere un mio giudizio personale, ed in secondo luogo, ma non meno importante, i miei criteri valutativi erano completamente diversi da quelli degli altri insegnanti della scuola.

Ricordo, addirittura, che la prima volta che ho assegnato i voti di condotta alle classi, segnai a tutti i ragazzi un bell'otto, perché nelle scuole in cui avevo fatto supplenza a Napoli il nove veniva concesso solo agli alunni impeccabili con una buona media nelle altre materie, ed il dieci proprio non l'avevo mai visto! L'otto dunque per me era un voto positivo che definiva una buona condotta; mentre al Venturi sottolineava decisamente che l'allievo dava dei problemi e quando un collega, stupito di vedere nella mia classe così tanti otto, mi chiese che tipo di problemi avessi con la classe, capii immediatamente e tramutai tutti i voti in nove. I parametri erano dunque completamente diversi, anche per le valutazioni delle altre materie, un mio cinque, sarebbe diventato presto un sei, per i miei colleghi, invece, un tale giudizio sanciva inevitabilmente una bocciatura: a Napoli si rimandava un allievo con il tre o il quattro, mai con il cinque.

Dovetti pertanto aggiustare un po' i miei criteri valutativi, che erano dettati dalla mia breve esperienza ed in questo mi fu senz'altro d'aiuto un altro docente di matematica, che insegnando la mia stessa disciplina, poté darmi dei precisi consigli, ma anche il mio futuro marito fu di grande appoggio per me. Mi rivolgevo a lui anche per altri problemi. Ricordo che infatti gli feci leggere la mia prima programmazione, perché potesse eventualmente rivederla e correggerla, poi però la passai anche agli altri insegnanti della mia materia: cercavo il loro appoggio, un loro consiglio.

Ricordo con angoscia anche il giorno della riunione dei collegi; all'epoca eravamo in tantissimi, centoventi, centotrenta persone, e non si riusciva a capire assolutamente niente dalla confusione che si creava. Sentivo di subire il collegio, non che adesso mi ritenga attiva al suo interno, perché non oso parlare neanche dopo quindici anni di esperienza, ma allora lo subivo proprio, non lo sentivo mio, mi sentivo un ospite.

Se ***oggi*** *mi dovessi confrontare con le mie origini, credo di poter tranquillamente ammettere di aver conservato la mia originaria passione per l'insegnamento, certo, di trovarmi ancora sconfortata, quando mi accorgo di ottenere poco o niente dai miei allievi, nonostante la fatica e l'impegno, ma di cercare ora altre strade per ottenere il risultato. A questo si aggiunga che oggi sto vivendo la scuola anche come genitore oltre che insegnante, e ciò mi ha senza dubbio sensibilizzata nell'osservare atteggiamenti e risposte da parte dei ragazzi che prima non vedevo.*

In passato avevo assegnato quelli che per me erano semplicemente dei più o dei meno, forse senza riflettere abbastanza sulle conseguenze psicologiche sui ragazzi, fino a quando l'esperienza scolastica di mia figlia mi ha fatto capire quanto, invece, quei segni avessero un peso su di lei o sui suoi compagni. Ho pertanto rivisto il mio metodo e negli anni ho decisamente cambiato il mio modo di fare lezione: quando ero più giovane ero estremamente analitica, attentissima ai particolari, pignola, oggi ho capito che è sufficiente fornire un'idea generale sull'argomento, darne i concetti principali, senza stare tanto a sottilizzare.

Questo è dato dal fatto che i ragazzi sono cambiati, è vero, ma anche noi docenti lo siamo, abbiamo capito che è inutile insistere a pretendere delle determinate risposte dai ragazzi durante gli anni del ginnasio, quando poi, una volta al liceo, non le ricorderanno più. L'età si è spostata, l'astrazione nei ragazzi si è spostata, ben che vada, se si trovano di fronte a qualcosa che non capiscono, lo imparano a memoria e dopo poco non gli rimane niente: per questo motivo, infatti, oggi, insegno tranquillamente la storia della geometria sintetica ai ragazzi della prima liceo.

In questi ultimi anni poi, mi sto appassionando ai corsi di aggiornamento per l'insegnamento organizzati presso il CFA dove spero di trovare una nuova strada per migliorarmi, una risposta ai miei dubbi. Gli incontri sono molto interessanti ed affascinanti, mirano dritti al mio cuore, anche se non sempre mi portano entusiasmo. Spesso, infatti, mi sento inadeguata, scoraggiata, disorientata, convinta di non essere in grado di realizzare determinati progetti proposti e ciò mi porta a pensare addirittura di aver sbagliato mestiere, e forse anche di doverlo cambiare e provare a fare qualche altra cosa. Quando poi sento che qualcuno ha elaborato un progetto o anche solo un'idea straordinariamente innovativa mi sento così sconcertata!

I miei più importanti punti di riferimento restano comunque i miei colleghi, coloro che mi hanno aiutato e che tuttora mi stanno aiutando in questo mio percorso e se pensassi a cosa vorrei eliminare sostanzialmente dalla scuola come istituzione, affinché questa possa essere migliore, sia per i fruitori che per i docenti stessi, sarei certamente immediata e categorica: abolirei innanzitutto la valutazione, così come è intesa oggi, che per me è un peso e per i ragazzi un'angoscia, poi rivedrei la burocrazia; diciamo che snellirei le cose, ne eliminerei la conseguente rigidità per rendere tutto più flessibile.

2. 30 anni di insegnamento

Cominciai la mia carriera *d'insegnante* ***trent'anni*** *fa in un collegio privato di tipo religioso. Mi trovai in un ambiente molto sospettoso nei miei confronti, poco disponibile a cercare di facilitare il mio lavoro, dove il preside stesso non nascose mai la sua diffidenza, ed in particolare in un clima di generale tensione ed ostilità riguardo le mie idee politiche e sindacali. Si trattava, del resto, di una scuola in cui il tradizionalismo era d'obbligo e la presenza dei sindacati era completamente estranea.*

Questa non fu l'unica difficoltà che dovetti affrontare perché contemporaneamente a questo primo impatto psicologico, fui costretto anche a far fronte a quello di tipo puramente pratico, ossia il dover organizzare per la prima volta l'impostazione di un lavoro su materie, quali la storia e la filosofia, che non avevo mai insegnato, ma solo studiato all'università. Gli strumenti a mia disposizione, i libri di testo e le mie effettive conoscenze, in particolare per la filosofia, non erano, infatti, notevoli, perciò non esagero ammettendo di essermi trovato a vivere una reale condizione d'apprendista, nella quale ho imparato a fare il professore, lentamente, nel tempo e a mie spese, oltre che a quelle ovviamente degli studenti.

Da questo punto di vista riconosco senz'altro di essere stato un autodidatta. Non che avrei disdegnato aiuto o consiglio di qualcuno, in particolare di un collega più anziano di me, un prete che insegnava in quell'istituto già da diversi anni, ma mi accorsi subito che, anzi, egli sfruttava a pieno la sua distanza ed esperienza proprio per continuare a tenersi lontano da me e valorizzare così ulteriormente una ambiziosa volontà di primeggiare. Oltretutto gli stessi parametri di valutazione erano molto diversi. Le rare volte in cui, infatti, ho voluto tentare di confrontarmi con lui o anche sfruttarne direttamente le conoscenze, notai l'enorme differenza tra una mia valutazione critica, su un qualsiasi problema o argomento, e quella marcatamente moralistica e spiritualistica, che egli puntualmente privilegiava e che unicamente esprimeva.

I ragazzi, al contrario, si dimostrarono sin dall'inizio molto sensibili e desiderosi di poter dialogare e fare qualcosa di nuovo con un insegnante giovane, anche se, provenendo da quel genere d'istituto, mantenevano comunque, nei confronti della scuola e del convitto in cui vivevano, un atteggiamento sostanzialmente diffidente. Avevano spesso un comportamento subdolo, scorretto ed in alcuni casi addirittura vigliacco, facendomi sentire, rispetto a loro, in una posizione contraddittoria: da un lato mi offrivano attenzione e curiosità, dall'altro ancora diffidenza; del resto ero pur sempre il loro professore, colui che sta comunque al di là della barricata!

Io stesso probabilmente, mi comportai con ingenuità, nel momento in cui non sempre riuscii a capire che, per quanto simpatico e alla mano essi volessero che fossi, alla fine, pretendevano da me che rispondessi ai miei obblighi di insegnante, soprattutto nella veste di giudice. Ecco dunque che quando non riuscivo più a gestire quel mio dovere di giudice, o per lo meno con adeguata serenità e distanza, sentivo di venir meno ad uno dei compiti più importanti del mio ruolo.

Nel tempo poi, imparai a superare queste iniziali difficoltà, correggendo la mia tattica, il mio comportamento e contemporaneamente approfondendo e studiando a lungo, da solo, a casa, ciò di cui non riuscivo a sentirmi ancora padrone.

***Oggi** ne è passato di tempo da allora e sono cambiate molte cose.*

Adesso mi sento profondamente a mio agio nei panni dell'insegnante. Prima di tutto perché credo, e non vorrei per questo sembrare presuntuoso, di riuscire, oggi, a dominare le materie, sempre la storia e la filosofia, che insegno in modo più corposo, più impegnativo, più critico di quanto non avessi fatto trent'anni fa. E ancora, dal punto di vista metodologico, pedagogico, psicologico, in quanto ritengo ora di conoscere abbastanza la psicologia degli adolescenti, di riuscire a muovermi in mezzo a loro in modo efficace, di saper far leva sulle loro capacità d'apprendimento, sulle loro prerogative psicologiche, controllando, da adulto, da vecchio ormai, la mia indole, il mio carattere.

In questo mi sento profondamente grato al mio matrimonio, senza dubbio riuscito, che ha maturato in me quell'equilibrio che solo la solidità e sicurezza sul piano psicologico, affettivo e sessuale può dare ad un uomo.

Mi trovo sostanzialmente bene anche con i colleghi, nel senso che mi pongo rispetto a loro dalla parte del «vecchione» che sa di essere ormai, all'interno della scuola, una pedina persa, una persona al limite dell'età, adatto solo alla pensione, ma con il vantaggio di avere dalla sua l'elemento straordinariamente gratificante e positivo della maggiore esperienza e della maggiore conoscenza dell'ambiente stesso. Per questo motivo cerco di mantenere nei loro confronti un atteggiamento di parità, per riuscire a creare un clima sempre sereno, simpatico e a volte, in questo, esagero anche! Capita, infatti, che mi attardi, in modo forse poco opportuno, a fare una carezza alle mie colleghe. In queste circostanze posso apparire sicuramente un po' noioso, indiscreto, insomma un po' rozzo, ma credo che ormai mi abbiano capito e mi perdonino, dimostrando invece molta pazienza.

Non ho dunque ancora perso la passione per l'insegnamento, mi piace il mio mestiere e ne sono ben felice e soddisfatto. Sono anche convinto, d'altra parte, che data la professionalità, lo stipendio che percepisco sia veramente troppo modesto e questo mi delude e mi fa tornare in mente quella mia antica mania di essere penalizzato, soprattutto dal punto di vista del maschio che dovrebbe guadagnare di più anche solo rispetto alla donna. Anche mia moglie insegna e il fatto che guadagniamo gli stessi soldi mi fa tuttora sentire a disagio, lo ammetto!

Francamente non capisco se ciò dipenda dalla mia mentalità particolarmente maschilista o se possa essere considerata una psicologia normale di un uomo della mia età; vero è che, in generale, il nostro mestiere non è affatto riconosciuto né sul piano sociale né su quello economico. Io sono convinto che rispetto ad anni fa, quando ero io stesso studente o anche già insegnante alle prime armi, la scuola abbia fatto notevoli passi in avanti. **Oggi** *sa costruire percorsi solidi, più qualificati per la diffusione della cultura. L'insegnamento stesso è più difficile e viene erogato in modo più qualificato grazie a strumenti complessi, diciamo addirittura pretenziosi, eppure tutto questo non viene riconosciuto dalla società.*

Nella mia vita ho svolto anche altri mestieri, mi sono quasi costrui-

to una casa con le mie mani, e questo mi ha insegnato a misurare le difficoltà dei ruoli. Sono convinto che il lavoro di molti artigiani sarebbe semplicissimo, per chiunque, da riprodurre identico e nello stesso modo nell'arco di pochi mesi, anche di pochi giorni. Edificare un muro, costruire un impianto non è poi così difficile, o gestire un'impresa, anche pur a livello manageriale, ma fare il nostro mestiere, semplicemente l'insegnante, trovarsi di fronte ad una classe, del liceo classico, o di ogni altra scuola, equivale ad avere una responsabilità enormemente più gravosa. Non so quanti di questi ambiziosissimi imprenditori o artigiani che si danno tante arie di qualificazione, sarebbero mai in grado di imparare il nostro mestiere e anche ammesso che ci riescano, quali sarebbero i tempi? Credo pertanto che oggi distinguere il valore del lavoro sotto il profilo finanziario, significhi anzitutto rilevare macroscopicamente, nell'ambito dell'insegnamento, l'ingiustizia dei parametri di merito e di ricompensa.

Questo è l'unico lato del mio mestiere che mi dà amarezza.

Devo confessare tuttavia, che iniziai ad insegnare, non per una vera vocazione, ma per la carica di idealismo derivata dalla formazione religiosa dei miei studi in seminario: decisi di fare l'insegnante mosso dal desiderio di fare da laico quello che non ho fatto da prete.

In questo senso è curioso per me pensare che questa mia scelta non corrisponda di fatto a quelle che sono state e che sono tuttora le mie più immediate propensioni, i miei istinti, i miei desideri, di carattere invece più pratico. Ho coltivato, infatti, parallelamente alla mia professione, altri interessi che non hanno niente a che fare con la storia o la filosofia, che da questo punto di vista francamente non ho mai sviluppato con approfondimenti particolari, né scrivendo qualche saggio o inserendomi in gruppi politici o culturali. E nonostante frequenti da anni vari corsi di aggiornamento e mi renda conto di essere assolutamente in grado di partecipare al dibattito nella gestione e nel dominio dei problemi che l'ambiente pone e comporta, non sono mai andato oltre, forse per effetto della mia indolenza, o per un mio maggior istinto alla praticità, ma non ho veramente mai maturato niente di diverso da ciò che non fosse insegnare agli alunni le mie discipline.

Del resto, quando penso alla storia come ad una materia che presuppone, senza dubbio, notevoli elementi di analisi di tipo pratico, operativo, basti pensare allo studio dei secoli di vita agricola, ma ancora all'avvento dell'industria o dei vari settori artigianali, ne deduco immediatamente la necessità da parte dello storico di conoscere, ad esempio, le tecniche dell'attività agraria, o più in generale, i vari aspetti pratici della vita.

Ma la filosofia, il puro sogno teorico che oltretutto, a mio parere, nel corso dei secoli fino ad arrivare ai giorni nostri, ha già perso gran parte del suo peso, se si pensa al tramonto delle metafisiche, ai sogni di tipo sistemico che sono rimasti ancora e solo dei sogni, ebbene essa, oggi, lascia al filosofo un ruolo diverso. Egli ha nuovi compiti da proporre e da eseguire nella nostra società. Deve essere anzitutto un ideologo, un promotore d'idee per la politica, per l'attività sindacale e per l'esistenza stessa ed io, in questo, non ho avuto l'istinto, il coraggio e, lo confesso, neanche le capacità necessarie per incarnarlo.

Volendo ora esprimere un mio parere su ciò che dovrebbe essere rivisto e rivalutato all'interno dell'istituzione scolastica, credo che come primo passo, mi muoverei affinché ne fosse abolito l'isolamento rispetto alla società organizzata. Ritengo, infatti, che la scuola tenga a mantenersi disgiunta dalla vita sociale e, onestamente, non so fino a che punto possa ritenersi un destino il fatto che continui a precipitare in questo senso, o il tutto non sia piuttosto provocato. L'immediata conseguenza è che manca la capacità di proporre nei programmi educativi un progetto di formazione effettivamente adeguato ai tempi.

Si dovrebbe pertanto avere il coraggio di abbandonare alcune discipline, come, nel caso del liceo classico, il greco per esempio, o la storia antica, e sostituire le ore rimaste vacanti con materie nuove, quali l'economia o il diritto. La condizione, ovviamente, è che questi cambiamenti non incidano sul percorso di formazione che si prefigge la scuola, vale a dire dell'educazione e maturazione della personalità dello studente, affinché l'allievo abbia a pensare con la propria testa, perché acquisisca quei mezzi e quella strategia che gli permettano di comprendere i problemi prima di tutto dal punto di vista teorico, per poi affrontarli e dominarli dal lato pratico.

Questo è quanto c'è ancora di buono nella scuola oggi e non deve essere eliminato, perciò la modificherei con coraggio e rapidità solo in altri settori.

Infine ritengo necessaria una diversa concezione della scuola da parte dell'insegnante stesso. La mia sensazione è che molti insegnanti, oggi, soprattutto i più giovani, adottino un comportamento spesso troppo categorico, troppo rigido, oscillando tra l'autoritarismo e la superficialità. Dovrebbero invece imparare a farsi carico del loro ruolo fondamentale ed irrinunciabile che è soprattutto quello della sostituzione del genitore per costruire, anche attraverso la funzione coercitiva, a volte correttiva, il comportamento della mente e l'atteggiamento nei confronti della vita dei propri studenti. Questo ruolo decisivo dell'adulto sull'adolescente che viene a scuola, non deve essere assolutamente sottovalutato o dimenticato.

3. 26 anni di insegnamento

Mi laureai nell'ottobre del ***1972*** *e cominciai ad* ***insegnare quello stesso*** *anno. Si trattò di un caso fortuito in quanto un'amica conosceva il preside di una scuola media privata parificata di Modena. Mi presentai ed iniziai immediatamente con dieci ore settimanali di lettere, all'epoca le assunzioni presso le scuole private avvenivano così.*

La scuola era orribile, tetra, costituita da locali pessimi e la classe che mi fu assegnata era composta da pochi bambini, ma con enormi problemi. Chi ripetente, chi non sapeva nemmeno parlare in italiano, in generale, si trattava di persone iscritte in quella scuola da genitori che ritenevano di risolvere le difficoltà dei propri figli per il solo fatto che sostenevano il pagamento di una rata mensile all'istituto. Ricordo dei volti così dissimili tra loro, in una classe per niente omogenea anche per le diverse età dei bambini stessi, alcuni poi, si erano appena trasferiti da altre scuole. Ciò che però non dimenticherò mai di quella classe è l'immagine di una ragazzina quattordicenne che, avendo da poco partorito, indossava una maglietta sporca del latte che fuoriusciva ancora dal seno.

Ragazzi dunque, che nella maggior parte dei casi dovevano essere aiutati anche sotto il profilo psicologico oltre che pedagogico ed ai quali mi affezionai molto. Non ho ricordi di tipo professionale. Probabilmente leggemmo insieme dei brani dall'antologia, ripetendo e sottolineando qualcosa, per il resto non so veramente cosa ho combinato e quando chiedo a me stessa cosa ho realmente insegnato a quei bambini, non riesco a rispondere con altri avverbi se non con questo: niente.

Non avevo alcuna esperienza e tutto in quella scuola era estremamente difficile per me da comprendere ed affrontare, non ultimo il fatto di non dover mai dimenticare che l'istituto godeva di una gestione privata.

Oltretutto mi trovai subito ad assumere una posizione di contrasto rispetto al maestro più anziano, uomo estremamente severo e dalla forte personalità, con il quale non fui affatto d'accordo, per il metodo e per l'atteggiamento. Mi inibì ed intimorì a tal punto che spesso perdevo addirittura di vista il mio ruolo, insegnante o anch'io ragazzina, rispetto a lui?

Egli era il vero pilastro della scuola, onnipresente ed onnipotente, faceva addirittura da filtro al ricevimento dei genitori, prima che arrivassero a parlare con gli altri insegnanti. Tutti noi, infatti, avevamo pochissimi rapporti con i genitori, poiché avrebbe chiarito egli per primo ogni singolo caso, ed in fondo era la sua parola che contava più d'ogni altra lì dentro.

Mi insegnò, anzi forse è più corretto dire, mi indottrinò anche sul metodo che dovevo acquisire per stendere i miei giudizi: «Nonostante le difficoltà e le lacune nella preparazione... però...», in cui il «però» sarebbe stato fondamentale per la necessaria svolta della mia valutazione nella conclusione.

I colleghi non furono migliori. Quei pochi che conobbi un po' meglio rispetto agli altri, m'infastidirono immediatamente e nel tempo non riuscii a cambiare il mio giudizio. Erano persone che avevano sempre insegnato in quella scuola per stare comode e ci misi poco a capire che non avevano assolutamente niente da trasmettermi o insegnarmi. Del resto, non esisteva un corpo docenti, non ricordo riunioni di collegi, consigli di classe, tutto era lasciato all'iniziativa personale o comunque alla supervisione del maestro, non esisteva nemmeno un programma da seguire.

L'esperienza fatta in questa scuola fu quindi respingente, spesso desiderai di scappare, mollare tutto, e ancor oggi ne ricordo il disgusto.

Indubbiamente ero anche molto giovane, troppo giovane, e tutto ciò che possedevo, oltre alla mia laurea, era la mia passione per l'insegnamento. Una particolare sensazione, un'emozione nel pensarmi, sin da bambina, maestra di fronte ad una classe di ragazzini. Era sempre stato il mio gioco preferito, ma allora non ero certo consapevole di ciò che significava realmente quel mestiere. E anche in quella scuola, da adulta, sentivo la mia passione più come una vocazione, un qualcosa di astratto, mi piacevano le materie, ma non mi ero ancora fatta un'idea precisa di quello che sarebbe stato il mio lavoro.

In seguito accettai un incarico statale: assistenza alle libere attività del doposcuola. Mi trasferii così in un convitto, in montagna, e non si trattava di insegnare, ma di badare ai bambini dopo la scuola, nel pomeriggio, ma anche durante la notte, perché io e le altre mie tre colleghe dormivamo insieme a loro. Di questo periodo ricordo soprattutto le mie prime ribellioni sindacali, ero più preoccupata dal fatto di essere pagata diciotto ore settimanali, per poi lavorarne effettivamente diciotto al giorno, che per altre cose. Fu in quegli anni che cominciò la protesta contro lo stato per quel genere d'incarico proprio perché esso non fosse affidato se non ad insegnanti del luogo stesso.

Fu un'esperienza frustrante, in cui mi sentii fortemente a disagio nel ruolo di balia a dei bambini che si svegliavano la notte perché avevano il mal di pancia. Credo di aver fatto il mio dovere, ma forse non seppi nemmeno aiutarli più di tanto. Probabilmente avrebbero avuto bisogno di un po' di solidarietà, non doveva essere facile neanche per loro passare le notti in una sorta di colonia come quella, ma non fui in grado di capirli. Avevo ventitrè anni e mi sentivo più vicina a loro, data la mia età, che non a quella dell'adulto che doveva accudirli.

Instaurai invece un rapporto di stima ed amicizia molto forte con le mie colleghe, anche a causa delle rivendicazioni sindacali alle quali prendemmo parte insieme, che senza dubbio ci fecero crescere molto.

Poi, la mia prima cattedra per l'insegnamento di materie letterarie in una scuola media di Montese, ancora in montagna. In realtà c'erano dei posti liberi in pianura, anche più vicino a casa, ma il totale di ore effettuate, durante quei miei primi due anni d'insegnamento, fece sì che fui obbligata ad accettare proprio quella cattedra. Cominciò così un nuovo periodo difficile, perché oltre alla lunga distanza da Modena, che dovetti percorrere ogni giorno, sentii sempre quell'incarico come un'ingiustizia.

I miei alunni erano ora dei ragazzi veri e propri, perché ebbi una terza, e forse, io inesperta o loro più grandi, sta di fatto che non riuscimmo ad instaurare alcun tipo di rapporto. Non seppi mai come trattare con loro, quali argomentazioni o atteggiamenti tenere per sentirli meno ostili, meno refrattari. La mia sensazione fu sempre quella di andare in quella scuola, sedermi di fronte alla classe e voler unicamente combattere una situazione che odiavo e rifiutavo, poiché la sede così scomoda ed il disagio che per me ne conseguiva, mi fecero assolutamente perdere di vista il motivo per il quale ero lì.

Non trovai, nemmeno tra i docenti, una persona amica alla quale appoggiarmi, con la quale finalmente cominciare ad imparare qualcosa di quel mestiere, anzi, ancora una volta, vissi un'esperienza del tutto negativa, che non mi lasciò niente, sotto nessun profilo: non mi sentii arricchita dal punto di vista umano, né tantomeno imparai ad insegnare.

Successivamente, dopo un'altra breve esperienza in una scuola di Soliera, dove prestai servizio solo durante il doposcuola, finalmente cominciai ad insegnare, a Carpi.

Fu la prima volta in cui ebbi la responsabilità di una mia classe, mi trovai ad interagire con un gruppo di colleghi intellettualmente molto vivaci e motivati, a far parte anch'io di un vero coordinamento, ed a lavorare con una preside sempre presente e partecipe anche dal punto di vista didattico. Tutto ciò mi aiutò moltissimo. Cominciai a capire l'importanza del rapporto da costruire con gli allievi, della necessaria comunicazione da creare da ambedue le parti, della correlazione con i colleghi e l'importanza dei consigli di classe per confrontarsi e crescere, ma soprattutto imparai a conoscere le mie materie e come trattarle: fino a quel momento avevo percorso il mio iter scolastico, ma solo in quella scuola e grazie a quel-

l'esperienza ne capii il reale significato. Fu, poi, lo stesso anno in cui nacque la mia prima figlia, mi trovai quindi a dover gestire anche una vita familiare ben più impegnativa di quanto non fosse stata fino a quel momento e soprattutto a conciliarla con gli impegni scolastici, insomma quel periodo fu una fase della mia vita di straordinaria crescita.

Incontrai peraltro alcune difficoltà, anzitutto per la valutazione, poiché non fu mai facile essere sempre d'accordo, anzi, ho ricordi di consigli di classe che duravano anche fino alle otto di sera e in quegli anni si litigava sul serio! E ricordo, sin d'allora, di aver iniziato a provare quel particolare senso d'insoddisfazione e di fatica dettati dalla consapevolezza di realizzare un insegnamento spesso poco produttivo, dal fare cose delle quali non sempre si è convinti, dalla mancanza del coraggio per adottare arbitrariamente sperimentazioni esterne al programma stabilito, o infine, dal non poter cogliere alcun imput esterno, se non come tentativo personale, perché mai filtrato opportunamente dalla scuola stessa.

Cercai sempre aiuto nei miei colleghi, anche quando mi trovai a riflettere su questi problemi, e fu molto importante per me la loro vicinanza. Lavorammo tanto insieme, durante i consigli, ma anche in molti altri pomeriggi, terminate le lezioni, e devo ammettere che, in generale, il lavoro di gruppo che cominciò allora, ma che trovai anche in seguito in altre scuole, fu in assoluto il mezzo più utile e necessario alla mia formazione, come donna e come insegnante. A Carpi cominciai ad insegnare, ma iniziai soprattutto a crescere, facendo tesoro dei consigli di persone più grandi e mature, con maggiore esperienza e sensibilità e soprattutto disponibili a trasmetterla.

Prima di allora, un qualsiasi contatto con un ragazzino, al quale avevo anche solo dato delle semplici ripetizioni, mi aveva creato problemi, quasi mi desse fastidio e avevo avuto sempre molta difficoltà a rapportarmi con lui, perché la mia dedizione all'insegnamento, la voglia di far conoscere ed imparare le mie materie, era ancora qualcosa di astratto: avevo scelto quel mestiere, ma non mi ci riconoscevo. Probabilmente scontavo in quel modo la mancanza di preparazione ricevuta all'università! Poi, la svolta, quando ebbi coscienza del significato di ciò che dovevo fare e che faccio tuttora.

***Oggi**, grazie a quell'esperienza, sono un'insegnante che ha mantenuto la propria passione per il mestiere che svolge da più di vent'anni, ne vedo sicuramente in modo più obiettivo i lati negativi e, anche se sento più forte il peso di ciò che non condivido nella scuola, so ora distinguerlo da tutto quello che invece mi piace e mi appassiona, mi gratifica e mi dà soddisfazione: anzitutto la classe.*

I bambini, i miei allievi, sono ciò che di più bello ed importante ho la fortuna di vivere e conoscere grazie al mio lavoro. Ogni triennio è diverso, come diverso è il gruppo, la comunicazione, il rapporto da creare con persone alle quali mi appassiono molto e che mi coinvolgono emotivamente sempre di più. Oggi sono meno timida, riservata, e riesco finalmente a mostrarmi loro, così che insieme possiamo raccontarci, vivendo le emozioni di ciò che stiamo imparando, in un clima di reciproca fiducia e serenità, aiutandoli realmente a crescere. Questo mio atteggiamento mi permette, ogni giorno della settimana, dopo la mattinata scolastica, di dedicare sempre a me stessa una riflessione su come ho gestito un argomento o un problema, su cosa ho insegnato loro d'importante o sugli errori fatti, su una nuova strategia con cui propormi, così da potermi sempre correggere e strutturare. Spesso mi accorgo, in realtà, che devo controllarmi o rischierei seriamente di non pensare ad altro e ciò mi preoccupa!

Del resto, ho anche mantenuto alcune mie passioni alternative all'insegnamento, quali la lettura o il cinema, che amo molto, e che sono sicura di volere ancora al mio fianco, quali fedeli compagni, una volta in pensione. Amo molto la compagnia d'amici e, in generale, coltivare le relazioni interpersonali, ed in questo sono aiutata da persone che ho conosciuto soprattutto in questi ultimi anni, non solo a scuola, e che costituiscono per me un solido punto di riferimento. Chi m'incoraggia a fare qualcosa che per indole non farei mai, chi è più organizzata di me e sa insegnarmi qualche piccolo segreto, persone alle quali, poi, io stessa spero di rispondere con un qualche lato del mio carattere per loro importante. Credo molto nel rapporto con il mio prossimo e penso che la scuola stessa si avvalga, tutt'oggi, soprattutto delle risorse umane, del clima di stima e serietà in cui lavorano gli insegnanti e che trovi, in questo, un punto di riferimento.

Frequento oltretutto vari corsi d'aggiornamento, che scelgo oppor-

tunamente tra quelli a me più congeniali, memore anche del fatto che in passato li ho seguiti senza attenzione e criterio, bensì solo per aumentare il tanto agognato punteggio. Non è sempre stato facile, perché fino a qualche anno fa avevo i bambini più piccoli, ma ciò nonostante sono stata determinata e la mia emancipazione ha fatto sì che imponessi a me stessa di frequentarli ugualmente il più possibile, affidando i miei figli a qualcuno, insomma trovando una soluzione, per rispettare il mio dovere d'insegnante e far valere il mio diritto di donna.

Oggi mi ritengo, dunque, sostanzialmente soddisfatta del mio lavoro e della mia persona, anche se, come accennavo, è rimasto qualcosa, soprattutto nella scuola intesa come istituzione, che non riesco ancora a condividere e che non mi fa sentire del tutto a mio agio.

Principalmente vivo male il momento della valutazione che per me è un vero problema e che ritengo soprattutto sia un ostacolo per i bambini. In generale, rifiuto a me stessa di giudicare un compito con un voto troppo categorico, preferisco tentare di sfumarlo in qualche modo, laddove è possibile, ma quando mi trovo di fronte al caso del bambino con serie difficoltà, e nella scuola media inferiore ce ne sono parecchi, tutto è più complicato. Non è semplice cambiare un giudizio «non sufficiente», una volta assegnato, con una sufficienza piena, e per un bambino, diventa un marchio che può pregiudicarne la crescita psicologica. Vorrei pertanto una scuola nella quale il percorso di crescita, di maturazione e anche di conoscenza degli alunni, non debba necessariamente essere scandito da questi marchi.

In secondo luogo, sono convinta che la scuola media sia ancora poco operativa. Personalmente, cerco di muovermi sempre più in questa direzione, ma i miei sforzi finiscono poi per scontrarsi con una rigidità d'orari che non mi consentono di lavorare. Non esistono, poi, spazi o strutture all'interno della scuola per consentirne una migliore operatività, poiché gli insegnanti non hanno saputo crearle. La scuola, com'è oggi, non è adatta alla maggior parte dei bambini, che vedo sacrificati in attività d'ascolto troppo lunghe e ripetitive.

Inoltre, a mio parere, non c'è un'effettiva condivisione di un progetto educativo tra gli insegnanti, da ritenersi fondamentale, invece, per la crescita dei bambini. Sono necessarie costanza, osservazione, capacità di comprensione, senz'altro, ma anche la condivisione del modo d'intervento in funzione dell'obiettivo che dev'essere ben chiaro per tutti. Non dovremmo permetterci di agire ognuno, arbitrariamente, secondo un personale criterio, una propria bussola, o anche semplicemente secondo le proprie competenze, dimenticando così il nostro obiettivo, ma riconosco che ciò accade sempre più di frequente. A questo si aggiunga la presenza di un ulteriore ostacolo all'insegnamento, forse ancor più importante, e vale a dire il senso di frustrazione continuo che viviamo quale classe insegnante. Il motivo è risaputo: mal pagati!

Ecco che allora siamo anche meno presenti a scuola. Ci riuniamo in tutto, due o tre volte l'anno in consigli di classe durante i quali comunichiamo essenzialmente i giudizi e non è proprio possibile, in queste condizioni, riuscire anche a decidere e condividere insieme il medesimo obiettivo ed accordarci sulla direzione da prendere. I confronti avvengono infatti, telefonicamente, indipendentemente da altri colleghi, ma mai seduti tutti attorno ad un tavolo.

Passiamo dunque, troppo poco tempo a scuola e questo ci dà una conoscenza approssimativa del singolo, della classe, del loro andamento con gli altri insegnanti, o durante il doposcuola, e questa non è conoscenza. Tutto è affidato alla buona volontà individuale, ma è troppo poco, se riflettiamo che il luogo di cui stiamo parlando è un luogo estremamente importante.

Immagino quindi una scuola dove, eliminati i registri, le sciocchezze, le riunioni inutili durante le quali si parla di niente, alla fine della settimana, ci si fermi due ore in più e si parli della classe, si organizzino le metodologie per affrontare i problemi emersi, ci si confronti.

E questa non è la nostra scuola!

4. 22 anni di insegnamento

La mia prima esperienza di insegnante fu presso un ***corso serale*** *a Vignola* ***nel 1978.*** *La prima reazione? Cambiare mestiere.*

Non avevo ancora l'abilitazione all'insegnamento, che presi cinque anni dopo, e dovetti cominciare con l'insegnare due materie nelle quali non ero assolutamente preparato, che non avevo mai studiato né a scuola né all'università, ma che, in quel momento, costituirono la mia unica possibilità per poter svolgere quel mestiere: Ragioneria e Tecnica Commerciale. Volli mollare tutto il primo giorno, mi pareva una follia.

Poi mi venne incontro un'amica, residente a Vignola, che prima di tutto mi aiutò prenotando per mio conto una stanza d'albergo, così che intanto potessi evitare perlomeno il viaggio, non avevo neanche la macchina! In un secondo tempo, invece, si offrì addirittura di ospitarmi nel suo appartamento, che condivideva con un'amica e fu un sollievo ancor maggiore, ma, senz'altro, l'altro grande appoggio, per riuscire a sostenere quella situazione, lo trovai proprio nei miei stessi alunni.

Fui docente di Ragioneria e Tecnica Commerciale per tre corsi, due serali, con una seconda classe e una quarta, ed uno diurno, di sole tre ore con una terza. Gli studenti erano adulti che lavoravano di giorno e frequentavano la scuola di sera e perciò, anzitutto persone fortemente motivate, non venivano certo a «scaldare» i banchi! Del resto, erano anni in cui la scuola aveva ancora una certa importanza e la nascita di quel genere d'istituto aveva gettato le basi per la successiva formazione dei corsi delle Centocinquanta ore e delle scuole popolari.

Ogni allievo era animato dallo spirito di chi tornava a scuola per riappropriarsi di qualcosa di non vissuto o ricevuto, che assolutamente doveva recuperare, e fu senz'altro questo loro atteggiamento a renderli particolarmente indulgenti nei miei confronti, a comprendere la mia strana e senza dubbio paradossale posizione d'inesperto sia nell'insegnare sia nelle materie stesse.

Inizialmente, non conoscendoli, ne fui diffidente, temendo che potessero lamentarsi, poi capii immediatamente la loro situazione ed instaurammo un rapporto di fiducia reciproca. Cominciai, ovviamente, a studiare a fondo le discipline, ma non fu sempre sufficiente, fu invece essenziale proprio il loro aiuto e solo così riuscii a superare quella tremenda sensazione d'inadeguatezza iniziale.

Ricordo abbastanza bene soltanto gli studenti di una di quelle tre classi, quella in cui insegnai dieci ore settimanali, per il resto nessuno, se non due ragazze, molto particolari, del corso diurno. Entrambe avevano deciso, infatti, di assumere una posizione di contestazione nei confronti della scuola, con particolare attenzione alle mie materie d'insegnamento. Evidentemente dovetti reagire e lo feci in un modo forse un po' troppo rischioso, ma tentai ugualmente. Dissi loro che, a mio parere, potevano benissimo evitare di studiare ed io avrei lo stesso concesso la sufficienza, ma che per stare a quell'accordo, avrebbero dovuto anzitutto spiegarlo e giustificarlo ai genitori, così come io stesso glielo avevo riferito. Fu una proposta atipica, ma funzionò, perché da quel momento cominciarono a studiare un po' di più e riuscirono anche a tranquillizzarsi.

Non ho ricordi particolari nemmeno riguardo l'organizzazione della scuola stessa, che peraltro vissi molto poco. Essendo presente solo al mattino e per breve tempo, ebbi poche occasioni di viverla, anche nel rapporto con gli altri docenti; ciò che però mi è rimasto impresso è la sala insegnanti, nella quale c'erano due grandi tavoli così che il corpo docente potesse sedere diviso a seconda delle personali ideologie politiche.

Di quel periodo ricordo bene, invece, il genere di vita che conducevo, un aspetto dunque esterno alla scuola, ma strettamente collegato: ad esempio, passai una notte in una stanza d'albergo, che peraltro era dotata solo di una stufa a gas e di un sacco a pelo; fui ospitato da quest'amica, con la quale, spesso, passavamo tutta la notte a chiacchierare anche di problemi scolastici, ma soprattutto a chiacchierare; a volte non tornavo direttamente a casa e quindi ero costretto ad aspettare qualche collega che mi potesse accompagnare con la macchina, poiché la notte non c'erano molti mezzi pubblici in movimento. Insomma una vita anche divertente, soprattutto molto simile a quella appena terminata da studente, una sorta di vita da bohemien che tuttora ricordo con piacere e simpatia.

Del resto, io stesso mi sentivo ancora uno studente anche per il fatto che, all'epoca, collaboravo ancora ad un progetto di ricerca con un mio professore universitario e forse, anche per questo motivo, non trovavo niente di appassionante nel mestiere che stavo cominciando a svolgere. Lo sentivo sempre e comunque come un qualcosa di tran-

sitorio rispetto alla prospettiva di lavorare presso l'università.

Non ho mai avuto, dunque, una passione sviscerata per l'insegnamento, né ne ho mai sentito la vocazione, come accade a chi ha la consapevolezza di aver trovato la giusta strada della propria vita. È maturata solo nel tempo, negli anni, e a piccole dosi, laddove ad esempio, ho trovato soddisfazione nel trasmettere ciò che sapevo e, considerato il fatto che ho sempre amato poco la Ragioneria e la Tecnica Commerciale, anche dopo che ne ottenni l'effettiva abilitazione, ritengo sia stato un traguardo importante. Così come, in seguito, è nato in me anche il piacere nel creare un buon rapporto con gli alunni, spesso difficile perché mai paritetico, dove ci si deve sempre mettere in gioco e che si deve studiare con attenzione per non rompere quei sottili equilibri su cui si basa.

Nel corso degli anni ho certo incontrato delle difficoltà, soprattutto da questo punto di vista, con classi con le quali non ho avuto assolutamente vita facile, e devo dire la verità, non mi ha mai aiutato nessuno. Una volta fui particolarmente allarmato dal clima di tensione che si era creato all'interno di una mia classe. Chiesi così aiuto ad una mia studentessa di qualche anno prima, per cercare di capire soprattutto cosa, secondo lei, avessi dato alla sua classe al di fuori dell'ambito disciplinare, quali insegnamenti, quali suggerimenti per la loro vita scolastica e personale, ma non si dimostrò disponibile. Oggi, credo che sarebbe stato molto importante per me averne coscienza, perché ritengo che soprattutto quest'aspetto del mio mestiere sia fondamentale e che, in definitiva, sia l'unico al quale io dia ormai vera importanza.

In seguito venni a sapere che, in realtà, vi erano ben altri problemi ad alimentare la rabbia e l'ostilità di quella classe nei miei confronti, e riguardavano la discrepanza valutativa che si verificava puntualmente tra i miei giudizi e quelli degli altri insegnanti.

Per quanto mi riguardava, ciò non andò ad incrinare i miei rapporti con i colleghi anche perché, sostanzialmente, non ne ebbi mai.

Ripensandoci ora, non ho mai avuto particolari rapporti con colleghi, né allora né in seguito, e quindi neanche grande aiuto da parte loro, se non in qualche caso sporadico, dove si trattava di confidarsi con un amico, prima che con un collega. In generale, sono sempre stati rapporti piuttosto superficiali, in funzione di una rispettosa convivenza all'interno dell'ambiente lavorativo. Mi è accaduto solo occasionalmente di trovare a scuola amicizia, in qualche caso del tutto fortunato, in cui l'affetto è nato per una o due persone al massimo, ma non si è mai creato all'interno del gruppo, dell'intero corpo docenti, quel rapporto di stima, fiducia ed amicizia reciproca, necessario invece per lavorare bene insieme.

Il motivo, a parer mio, è semplicissimo: non esiste un minimo comune denominatore tra gli insegnanti che consenta di svolgere insieme e dignitosamente il proprio mestiere. Ogni singolo docente ha necessariamente un proprio orientamento, diverso da quello del collega seduto accanto e per questo molti consigli di classe risultano inutili o inefficaci.

Probabilmente, fino a vent'anni fa, un orientamento comune era stato ben chiaro, perlomeno tra gli insegnanti, ma poi si scontrò con quello culturale dell'utenza, da cui le battaglie del '68 e via dicendo. Vero è che quest'opposizione, che una volta esisteva solo tra i docenti e gli studenti, oggi si è creata proprio all'interno della classe insegnante, sempre più suddivisa, frazionata, per ideologie e discrepanze intellettuali, che tende a convivere piuttosto che a spiegarsi. Non che questo malessere esista solo a scuola, mi viene in mente, ad esempio, la classe medica, dove, senza dubbio, vi sono i medesimi problemi, di organizzazione e progettazione del lavoro, ma, per questi motivi, il personale comincia delle battaglie, tenta di superare degli ostacoli ed alla fine può esserci un perdente, ma anche un vincitore.A scuola non accade, quasi fossimo tutti degli automi.

***Oggi**, quando penso al nostro mestiere, all'istituzione che rappresentiamo, ne sono fortemente demoralizzato, nella piena coscienza di tutto ciò che di scoraggiante e frustrante dobbiamo sopportare. Eppure sento di avere ancora molto da dare, di essere ancora disponibile a far valere il mio importante ruolo di educatore, ma non riesco più a trovare la necessaria controparte.*

Qualche giorno fa mi è stata offerta la possibilità di tenere, per conto della C.G.I.L., il corso di preparazione per coloro che sosterranno il prossimo esame di stato. Ebbene, non potevo nemmeno imma-

ginare la soddisfazione che ancora avrei provato nell'insegnare nuovamente qualcosa, nel trasmettere le mie conoscenze, nel fornire ai miei allievi i mezzi per sapere. Mi sono reso conto che quella mia passione, maturata nel corso degli anni, per la divulgazione dell'informazione, e forse anche per il ruolo, in qualche modo, di teatrante, di chi, come l'insegnante, sta di fronte ad un «pubblico» che lo vuole solo ascoltare per imparare, non solo non si è sopita, ma anzi è ancora fortissima.

Il mio sdegno è proprio per la scuola o, perlomeno, per quella che ho vissuto io recentemente, che sembra faccia di tutto per schiacciare gli insegnanti sotto il peso della sua rigidità.

Anzitutto la ripetitività del nostro mestiere dove non esiste, almeno per com'è strutturata la scuola, una possibilità autonoma di organizzare le proprie conoscenze in funzione dell'insegnamento. Non viene dato spazio all'iniziativa individuale; personalmente, da quindici anni a questa parte, ho sempre insegnato le stesse cose, con nessuna innovazione nel programma, nel metodo, e non per mia indolenza o mancanza di capacità, ma semplicemente perché impossibile secondo il piano d'offerta dell'istituzione scolastica. Oggi, sono giunto alla conclusione che gli insegnanti non siano altro che i terminali di una struttura dall'organizzazione burocratica verticistica, quasi militaresca.

In quest'ottica mi pare che nemmeno all'interno del recente progetto d'introduzione di questa nuova autonomia scolastica vi siano grandi cambiamenti o, perlomeno, fino ad ora, non vanno a modificare quelli che sono i vincoli dei programmi ministeriali e di quant'altro faccia parte dell'attuale organizzazione burocratica, limitandosi ad interessare il solo processo di reclutamento degli insegnanti o della valutazione del loro lavoro.

Lo stesso rapporto con i ragazzi, in questi ultimi tempi, è sempre più difficile. L'insegnante oggi rischia di veder ridotto il proprio ruolo d'istruttore e trasmettitore di conoscenze, ai margini di una struttura che tende essenzialmente a voler intrattenere i ragazzi al suo interno perché non siano in giro a perdere tempo, come fosse una sorta di ente sociale.

Per questo motivo, ultimamente, ho perso ancor più fiducia nel mio mestiere e ciò, probabilmente, è dovuto al fatto che ho sempre insegnato presso scuole professionali, dove essendovi un livello più basso, e sul piano della richiesta e su quello dell'offerta, la svalutazione è stata più evidente.

Ogni giorno, seduti di fronte a me, ci sono dei ragazzi che, nella maggior parte dei casi, sono presenti perché costretti dai genitori, sono assolutamente demotivati e, soprattutto, sono convinti di essere iscritti ad una scuola che darà loro la possibilità di imparare un mestiere. Ma non è così. Nonostante si pensi il contrario, le scuole professionali sono state strutturate nella convinzione che gli adolescenti siano tutti uguali e con le medesime esigenze, quando invece gli studenti le frequentano sostanzialmente, da un lato perché hanno già scartato le scuole con indirizzi più difficili ed impegnativi, dall'altro per imparare un lavoro ed uscirne il prima possibile senza troppa fatica.

Il risultato? Sono state potenziate le materie di cultura generale, di carattere quindi teorico, che a parer mio sono solo controproducenti perché, in definitiva, non vengono studiate.

Spesso ho la sensazione che i miei allievi siano in classe quasi per farmi un piacere, o perché non possono fare altrimenti, non certo per ascoltarmi e poi studiare. Come la nostra fosse una lotta, laddove io li costringessi ad applicarsi e loro cercassero di opporsi con tutte le loro forze, è una situazione veramente estenuante. Si aggiunga poi il momento della valutazione, dove, secondo le regole, non si può certo bocciare una classe intera e così li si deve anche promuovere, per confermare quella loro iniziale convinzione di ottenere presto il diploma e senza troppa fatica.

È tutto così frustrante e, soprattutto, non mi pare di vederne una via d'uscita. È difficile, per me, non riflettere su questa situazione, tanto più per il fatto che, in generale, il mio lavoro è un'attività totalizzante, invasiva, che non permette certo di terminare le proprie ore di servizio ed avere la mente libera da pensieri. Al contrario, ogni altro minuto della giornata è vissuto sempre pensando ancora alla scuola, alla classe, ad un qualche allievo che ha dei problemi, all'interrogazione, ai compiti da correggere, o perlomeno, io non sono capace di fare altrimenti.

Riesco a rilassarmi e a distrarmi solo quando suono il mio pianoforte. Si tratta di una mia recente passione, che mi ha aiutato a trovare nella musica una sorta di compensazione all'irrequietezza del mio stato d'animo, dei miei pensieri, permettendomi, infatti, di pensare ad altro, di vivere anche se, per poco, in un'altra atmosfera e ciò mi aiuta molto.

Come mi aiuta anche la compagnia di buoni amici, persone con i miei stessi interessi, con le quali, ad esempio, amo passare le vacanze perché anch'esse amanti dello sport e della natura. Ma, in linea di massima, i miei pensieri sono sempre rivolti alla scuola, quasi ne fossi stato fagocitato.

Non è certo facile trovare una soluzione per cambiare un'istituzione come questa, in breve tempo e di sana pianta, ma qualche passo in avanti si potrebbe pur tentare di farlo.

Se dipendesse da me, comincerei anzitutto con l'eliminare la sciatteria di alcuni edifici che, per la maggior parte delle scuole superiori, sono assolutamente tristi, perché in fabbricati vecchi e fatiscenti. Ciò non significherebbe doverli demolire, ma attuare semplicemente qualche sano intervento, dipingere aule e corridoi, posizionarvi qualche pianta, attaccare dei quadri, insomma rendere l'ambiente meno squallido di quanto per lo più non accada nelle nostre scuole italiane. Darebbe più gioia a tutti lavorare in una struttura più ordinata e pulita!

Poi eliminerei i vincoli temporali, rendendo tutto più elastico, per esempio i tempi di apprendimento, con conseguente riduzione degli orari di lezioni che costringono, perlomeno i nostri studenti, a passare troppe ore chiusi a scuola.

Non ultimo, rifiuterei l'intervento di queste nuove figure professionali di esperti che siedono dietro le cattedre dei corsi d'aggiornamento. Queste persone, che parlano di pedagogia, dell'analisi di nuove metodologie, di nuovo approccio con il gruppo rispetto all'individuo, di progettazione, di una nuova educazione alla formazione, fanno sì che il ruolo dell'insegnante scolastico diventi semplicemente quello di adottare il metodo e le tecniche che qualcun altro, in altro luogo, ha approvato e proposto. E in tutto questo non si è mai capito se, effettivamente, un qualche loro progetto, sia stato provato prima all'inter-

no di una classe! A mio parere, dunque, si è creata una netta separazione, tra colui che siede di fronte ad una classe e coloro che, invece, esterni al mondo della scuola, alle strutture della stessa, propongono innumerevoli mutamenti e modifiche: l'insegnante è ora anche il terminale di un meccanismo che pensa altrove.

Ci si dimentica allora che il docente, colui che solo ha l'opportunità di tenere, giorno dopo giorno, anno dopo anno, una lezione frontale con gli allievi, non è semplicemente il freddo esecutore di una metodologia, ma è molto di più. È chi si impegna anima e corpo per seguire con estrema attenzione e sensibilità il processo di crescita e di preparazione dei suoi allievi, vagliandone ogni giorno i differenti problemi o le soddisfazioni, imparando a distinguere i ragazzi e le loro necessità; è prima di tutto un uomo che pensa con la sua testa e non con quella degli altri. Poi, forse, raggiungerà gli stessi obiettivi prefissati cinque anni prima da un qualche esperto, ma è importante che lo faccia da solo, grazie alla propria esperienza fatta direttamente «sul campo».

Ebbene, credo che questa situazione si sia creata proprio grazie all'introduzione di questa nuova autonomia, che fa ritenere più importante la presenza di un esperto che studia a tavolino un imminente progetto di formazione, rispetto al lavoro che un insegnante svolge quotidianamente dentro ad una classe.

Con questo non voglio certo dire che si tratti di progetti sbagliati, ma semplicemente che, in questo modo, si tenta di svicolare dalle lezioni frontali, che sono le più faticose e difficili, per occuparsi di attività esterne alla scuola, molto meno impegnative, ma certamente, al giorno d'oggi, molto più valorizzate.

Se, dunque, all'insegnante resta come unica qualità quella di adottare, in modo del tutto acritico, una serie di schemi, di procedure, prodotti da terzi e non da se stesso, le mie speranze nei confronti di un'innovazione all'interno della scuola non hanno certo ragione d'esistere ancora. Del resto, se gli si vuole togliere, in questo modo, anche quel minimo spirito d'iniziativa, nell'usare con intelligenza ogni arma possibile per educare, crescere, formare adeguatamente i propri studenti, sempre estremamente diversi tra loro, cosa gli rimarrà?

Il nostro è un lavoro artigianale, dove non esiste tecnologia da sfruttare per essere aiutati, dove niente e nessuno, dall'esterno, può, né deve intromettersi, perché venga svolto adeguatamente, che è, a tutti gli effetti, un lavoro dipendente, ma che si discosta dagli altri perché non termina mai dopo aver timbrato il cartellino, ma lo si porta ancora dentro alla mente, a casa o a cena con gli amici, dentro la propria anima. È un mestiere strano, curioso, che non si può nemmeno definire autonomo, perché i margini della libertà consentiti ad un insegnante stanno esclusivamente nel poter decidere se correggere dei compiti la sera, dopo cena, o il mattino, dopo la colazione. Niente cambierà questo stato delle cose!

5. 35 anni di insegnamento

Cominciai ad ***insegnare nel 1965*** *come supplente di lettere nella scuola media Sorbelli di Fanano, in montagna. Non ero ancora laureata, ma all'epoca c'era talmente bisogno di insegnanti e così poche persone laureate, che per lo più erano reclutati per quel mestiere proprio giovani studenti.*

Avevo appena sposato un fananese e mi ero da poco trasferita lassù da Modena e fu straordinario per me iniziare finalmente a svolgere il lavoro che adoravo. Mi sembrò di vivere un sogno! Fino a quel momento avevo lavorato solo come impiegata statale, sostenendo così le spese universitarie e avevo tenuto qualche lezione privata solo nei ritagli di tempo, perciò mai avrei immaginato di riuscire a cominciare ad insegnare così presto, addirittura prima di essere laureata!

Ebbi l'incarico di supplente temporaneo nel sostituire un'amica in stato interessante per un periodo della durata di un anno. La classe fu una terza e non la dimenticherò mai.

Ricordo dei ragazzini così felici e motivati nel venire a scuola, sempre entusiasti di ciò che avevano avuto la possibilità di imparare. Persone che, nella maggior parte dei casi, dovevano affrontare ogni giorno decine di chilometri a piedi per raggiungere la fermata del mezzo pubblico, l'unico messo a disposizione dal comune, che le avrebbe por-

tate a scuola. Spesso, avevano anche dovuto spalare la neve per poterci arrivare e, per corroborarsi, avevano mangiato salsiccia e bevuto un grappino per colazione, non esistevano certo le comode giacche a vento tanto alla moda oggi per ripararsi dal freddo! Altri, invece, avevano governato le bestie nelle stalle fino a qualche minuto prima di entrare in classe.

Ricordo fortissimo l'odore di stalla che emanavano ogni giorno, i loro vestiti, i loro stessi quaderni, oppure quello altrettanto acre di cui erano impregnati gli abiti dei figli di proprietari di caseifici. Erano tutti ragazzini puliti, ma quell'odore, era tremendo.

Ricordo i loro visi, rossi e ben paffuti, dal colorito sano e dall'espressione sempre gioviale che per lo più si distingueva da quelli dei compagni che vivevano invece in paese, più raffinati ed ordinati, ma ognuno di loro, indistintamente, era animato da una vera passione per venire a scuola, per imparare, conoscere, studiare.

Questa era la risposta al diritto allo studio, non quella di oggi! Se penso alla terza classe che ho quest'anno, rabbrividisco nel constatarne ogni giorno l'abisso: ragazzi svogliati, irrispettosi, menefreghisti, che si abbandonano più volentieri alla stupidaggine, che siedono dietro ad un banco perché sono costretti. Mai, all'epoca, un bambino si sarebbe permesso di venire a scuola impreparato, né tantomeno avrebbe accettato l'idea che la sua condotta fosse giudicata mediocre dal proprio insegnante, aveva un forte senso del dovere ed allo stesso tempo lo pretendeva anche dal docente.

I miei allievi, allora, riponevano su di me tutta la loro fiducia ed io ne sentivo l'enorme responsabilità e mai avrei voluto deluderli.

Ricordo che, all'epoca, il latino era ancora una materia obbligatoria alle medie e quell'anno i ragazzi avrebbero dovuto prepararla ancora meglio per portarla all'esame. Inizialmente mi trovai in estrema difficoltà, data la mia scarsa esperienza, ma grazie alla loro già buona preparazione e soprattutto alla loro buona volontà e tenacia nell'applicazione, riuscii a superare quel momento difficile, imparando a seguirli ed istruirli con le dovute attenzioni e professionalità.

Ricordo con enorme emozione il giorno del loro esame. Lo avrebbero sostenuto loro per primi, ma subito dopo lo avremmo fatto anche noi insegnanti: era la prima prova impegnativa della loro vita, ma in un certo senso anche della nostra poiché ognuno di noi aveva usato il massimo impegno perché vi fossero adeguatamente preparati. Affrontando l'esame, gli alunni avrebbero messo alla prova se stessi, verificando il risultato dei loro sacrifici e della loro dedizione e si sarebbero sentiti più adulti, così come noi insegnanti avremmo potuto constatare il grado di formazione, di maturazione che eravamo stati in grado di fornirgli e che sarebbe stata la nostra maggiore soddisfazione per la nostra stessa crescita professionale.

Quello fu il primo di una serie di anni splendidi passati a scuola, proprio per la fortuna di aver sempre avuto ragazzi meravigliosi.

Successivamente c'era stata la possibilità per gli alunni delle scuole medie di scegliere il latino quale materia facoltativa a quella di Applicazioni Tecniche, ebbene a Fanano, la maggior parte dei bambini scelse di continuare a studiare il latino.

Erano dei ragazzi dunque, molto volonterosi, intelligenti, perspicaci, estremamente desiderosi di apprendere, forse soprattutto nel tentativo di riscattarsi, in qualche modo, dalla propria condizione di essere nati in luoghi, senz'altro bellissimi, ma troppo lontani da città e paesi che avrebbero potuto offrire loro ben altri modi di vivere. Come se vivessero una sorta di inferiorità nei confronti di realtà territoriali diverse dalla loro e ciò alimentava, automaticamente, il desiderio di riscatto nella voglia di imparare, di studiare, di conoscere, di sfruttare a pieno quell'unica possibilità concessagli per esserci anche loro.

Dal canto mio, in quel periodo, affrontai notevoli sacrifici. Mi mancavano ancora parecchi esami per laurearmi, spesso mi recavo a Bologna per sostenerli ed il tragitto era piuttosto lungo. A volte riuscivo ad avere un passaggio fino a Porretta dove poi prendevo il treno, in altri casi, quando ero costretta a fare tutto il viaggio con la corriera, detta all'epoca il postale, mi fermavo un paio di giorni da mia nonna o da qualche altro parente a Modena, così da sopportare meglio la stanchezza del viaggio. Ma, nonostante il disagio che necessariamente mi creò questa situazione, riuscii sempre ad affrontarla con serenità e gioia, tale era la soddisfazione per il mio lavoro. Non potevo desiderare niente di meglio, stavo svolgendo il mestiere che adoravo, e soprattutto avevo avuto la fortuna di farlo con bambini meravigliosi con i quali nacque un rapporto di infinito affetto ed amicizia, tanto che ancor oggi, quando riconosco uno di loro, dietro ad un viso barbuto d'adulto, lo scopro ancora affettuoso e sincero nei miei confronti, mentre mi bacia ed abbraccia. Nel tempo, mi sono resa conto di essere anche riuscita a dare loro gli stimoli per essere nella vita ciò che veramente desideravano, chi è oggi un «capoccia» comunista, chi un socialista attivamente impegnato, avendogli dunque, trasmesso anche idee personali, oltre all'insegnamento, che evidentemente gli sono state utili.

Il momento, invece, decisamente più difficile lo dovetti affrontare quando, da un giorno all'altro, persi il mio posto di lavoro. Non fui l'unica, anzi si trattò di una sorta di generale «cambio della guardia» nel momento in cui tutti coloro che, ancora laureandi, stavano occupando le cattedre di quella zona, in brevissimo tempo, furono sostituiti da giovani laureati. Immediata e, senza dubbio, moralmente gratificante fu la reazione dei ragazzi della scuola che, per diverso tempo, camminarono per le strade del paese sostenendo cartelli di protesta contro quest'imposizione ove spesso mi capitò di leggervi che reclamavano proprio la mia presenza, ma, nonostante ciò, si trattò in realtà dell'inizio di un periodo per me piuttosto complicato.

Poi, nel tempo, tutto sembrò sbiadire e perdere d'importanza, tant'è che riuscii a trovare, anche in quella situazione, un lato positivo. Ripresi, infatti, con più costanza gli studi e, ben presto, fui in grado di sostenere e superare con ottimi voti i due esami di latino che tanto mi avevano preoccupato, ne sostenni, in seguito degli altri e riuscii a laurearmi, cosa che forse non avrei mai fatto se avessi continuato a lavorare. Quindi mi inserii nuovamente nelle graduatorie e, dopo poco, ricominciai ad insegnare in una scuola media a Sestola. Successivamente, quando fu il momento di accettare l'assegnazione definitiva fui costretta ad optare per Fanano, dove vivevo con la mia famiglia, ma ben presto me ne dovetti pentire perché mai più avrei trovato tanta amicizia e collaborazione da parte dei colleghi, come nella scuola che avevo appena lasciato. Sestola, del resto, distava otto chilometri da casa che durante l'inverno, ed in montagna è un percorso piuttosto lungo che avrei dovuto affrontare in macchina tra la neve ed il gelo, perciò non ebbi scelta, ma provai ugualmente un enorme dispiacere nell'abbandonare quei colleghi. Erano state delle persone straordinarie con le quali avevo avuto ottimi rapporti professionali e personali, e me ne resi conto ancor di più quando mi trovai in una situazione così imbarazzante come quella che vissi proprio a Fanano, nel mio paese.

Mi trovai, infatti, a lavorare in un clima assolutamente arido, dal punto di vista umano, ipocrita, dove regnavano falsità e rivalità, e quella tremenda gelosia ed invidia che a lungo andare portano a vivere condizioni psicologiche insostenibili.

Ebbene, in poco tempo, per tutto il paese si era sparsa la voce che io ed una mia collega ci vantavamo della nostra bravura rispetto ad altri insegnanti, del nostro prestigio e della conseguente ottima preparazione dei nostri corsi, sottolineando, in definitiva, la nostra triste superbia e stupidaggine.

Ciò accadde perché, per la prima volta nella mia vita, mi trovai a lavorare con persone che vivevano nell'angoscia di non apparire sufficientemente competenti e rispettabili agli occhi della gente, e che, nel caso in cui si accorgessero che un loro collega godeva di quella stima, facevano di tutto per screditarlo ed umiliarlo. Persone convinte che se un insegnante fosse riuscito a tenere la propria lezione senza mai urlare e sbraitare con i ragazzini, lo avrebbe fatto solo per accattivarsi la stima della gente del paese, e non riuscivano a capire, invece, che un tale atteggiamento poteva rispondere ad un modo diverso di rapportarsi verso il prossimo, all'avere un carattere semplicemente più gioviale e tranquillo rispetto a quello di altri, all'intenzione di adottare anche solo un altro metodo d'insegnamento, insomma ad un modo di essere diverso.

Fu in quel periodo che capii che sarebbe stato ideale per me insegnare nella scuola di un paese, e vivere in un altro!

Chi mi aiutò, in quella circostanza, fu la preside della scuola, persona estremamente severa ed esigente, che ci faceva lavorare anche la notte, se necessario, e che, evidentemente, aveva particolare fiducia in me, aveva compreso il mio carattere, la passione che mi animava e mi stette sempre molto vicina. Poi ricordo anche un collega, uno solo, con il quale ebbi sempre un buon rapporto, una persona splendida ed un insegnante molto bravo dal quale imparai moltissime cose e sul piano professionale e su quello privato, ma dopo poco abbandonò la carriera scolastica per lavorare in banca dove, sicuramente, ebbe a trovare maggiori soddisfazioni dato che oggi ne è il presidente.

Vero è che nonostante in passato abbia dunque vissuto momenti difficili come questi, oggi, in realtà, li ripenso con infinita nostalgia.

***Oggi**, sento che il tempo in cui la scuola era veramente utile ed i ragazzi erano seriamente motivati ed interessati nell'usufruirne, è terminato e non tornerà mai più. Vivo solo di ricordi bellissimi di ciò che è stato e mi si spezza il cuore nel dover ammettere a me stessa che nemmeno di quella mia straordinaria passione per l'insegnamento è rimasto qualcosa!*

Sono stanca, demotivata e non solo perché con la nuova legge promossa dalla finanziaria mi è stata bloccata la domanda di pensione e mi trovo ancora costretta ad insegnare alla mia età, mentre dovrei dedicare ora più tempo a me stessa e alla mia famiglia, ma soprattutto perché non ho più voglia di andare a perdere il mio tempo in una classe. I ragazzi non hanno voglia di fare niente, non hanno sostanza, sono maleducati, superficiali, del resto, se penso che i genitori stessi, a casa, non riescono a trasmettergli alcun valore, come posso illudermi di riuscire io a trasmettere loro delle conoscenze.

La scuola, dal canto suo, si regge su un'infinità di regole di ordine burocratico che non creano altro che confusione e mi viene in mente, a questo proposito, il senso della frase detta da un professore universitario di Bologna ad un suo studente: «Lei è riuscito a rendere difficile il facile attraverso l'inutile!» dove appunto tutto ciò che è inutile finisce col gravare necessariamente sulla condizione iniziale di normalità e tranquillità.

Nel caso specifico della scuola, gli insegnanti per primi soffrono il peso di regolamenti e pratiche burocratiche obbligatorie per lo più inutili ed assurde, divenendo così insofferenti, nervosi, seccati, riflettendo di conseguenza la tensione sui ragazzi stessi. E allora perché non eliminare la maggior parte di queste regole assurde? Del resto, non riesco proprio a capire perché devo sottrarre del tempo ai miei alunni per riempire dei registri in doppia copia, quando esiste già una legenda che spiega tutto!

A volte ho veramente la sensazione di aver creduto in un mito, un mito che da anni non esiste più e davvero spesso mi sembra di non riuscire ad andare avanti. Dico a me stessa che devo resistere, che manca poco tempo ormai, ma è tutto così faticoso!

Ultimamente poi, da quando sono tornata a vivere a Modena, mia città natale, ho ripreso ad andare al cinema, a teatro, piaceri che mi sono sempre stati preclusi finché ho vissuto in montagna e che mi sono mancati molto. Ho riallacciato anche tanti rapporti d'amicizia e vorrei cominciare ad iscrivermi a dei corsi di storia dell'arte o di lingua straniera, poi vorrei andare più spesso in montagna con mio marito che, essendo montanaro, ne sente in modo particolare la mancanza, insomma vorrei avere più tempo per me stessa.

Se la scuola avesse ancora un significato, un valore, potrei almeno farmene una ragione, ma, invece, oltre ad obbedire alle regole di questa burocrazia ossessionante, sono costretta ad affrontare anche la presenza di problemi ben più gravi, perché di ordine morale, umano. Ad esempio quell'eccessiva rigidità del comportamento e dell'atteggiamento degli insegnanti stessi che dovrebbero, invece, riuscire ad amalgamarsi, nel condividere gli stessi scopi, nel rapportarsi con i ragazzi nello stesso modo, nel far vedere loro di essere uniti e di approvare un unico metodo di insegnamento ed un unico parametro di valutazione. Oggi, i ragazzi hanno un pessimo esempio, ogni insegnante ha un proprio metodo, spesso si isola completamente dal resto del collegio dei docenti senza interessarsi minimamente alla possibilità di trovare un linguaggio comune, perché si sente padrone della propria materia e, come tale, ne decide individualmente le metodologie di sviluppo.

Personalmente, come insegnante di lettere, sento di occupare una posizione particolare nei confronti degli studenti. Passiamo insieme molte ore durante la settimana, sono la persona che sta di più con loro, e sento spesso di esserne la confidente, la complice, colei che sa distinguere il momento giusto per fare lezione e quello invece, ben più delicato, per fermarmi e rimanere ad ascoltarli. Credo che spesso valga la pena di evitare una poesia per stare realmente insieme a loro, per parlare, raccontare, ma soprattutto ascoltare.A volte, mi sembra che a casa non abbiano nessuno con cui parlare e capisco di essere un aiuto per loro, ma che fatica quando mi accorgo che nessun altro, oltre a me, riesce ad avere questa sensibilità nei loro confronti, tendendo anzi a disorientarli piuttosto che aiutarli.

Poi, quando scopro in un loro tema frasi quali «oggi la professoressa di lettere ci ha insegnato delle cose per la vita» ebbene, in quel momento, sento di essere veramente stata utile e trovo il coraggio per andare avanti.

Oggi *i ragazzi, che tutti riconosciamo essere tanto più superficiali ed immaturi e che per questo motivo hanno ancor più bisogno di aiuto, sono, invece, del tutto spiazzati nel non poter creare alcun rapporto con i propri insegnanti, soprattutto alle superiori, dove, da questo punto di vista, c'è un'aridità totale. Lavoro in una scuola dove la prima ed unica preoccupazione di ogni docente è il programma e la fretta di concluderlo così come stabilito e non ha alcuna importanza come viene svolto, se gli studenti sono riusciti a seguirlo adeguatamente o se hanno qualche dubbio, è fondamentale terminarlo. Cosa c'è di educativo in tutto ciò?*

Infine, avrei un ultimo problema, di carattere decisamente più personale perché peculiare della scuola in cui insegno, ma ugualmente importante, e vale a dire la presenza del nostro preside, lo eliminerei all'istante. È una persona che stimo moltissimo, che si è tanto prodigato per la nostra scuola, e che probabilmente continuerà a farlo, ma è talmente rigido, severo, puntiglioso che non riesco proprio a sopportarlo. Nel tempo sono giunta a pensare che sia un uomo che vive male, con se stesso e con gli altri, ma questo non gli dà certo il diritto di rendere difficile la vita anche a noi tutti!

CAPITOLO 3

LE NOSTRE CONSIDERAZIONI

Alla fine di un lavoro lungo e impegnativo, ci sembra di poter trarre alcune conclusioni, con le quali non ci sentiamo di dire, dovendo fare delle generalizzazioni, di aver compreso tutte le singole situazioni e le singole storie di vita, ciascuna delle quali sappiamo essere unica e diversa dalle altre. Ci sarà pertanto chi potrà non riconoscersi tra le citazioni riportate e chi non condividerà il modo in cui abbiamo letto o utilizzato il suo apporto.

C'è da dire che le auto-interviste su cui abbiamo lavorato sono state a volte riempite in modo un po' sintetico e dando per sottintesi alcuni aspetti che noi abbiamo dovuto ricucire. Comunque, anche se l'interpretazione delle storie di vita e di professione che gli insegnanti ci hanno affidato non è sempre stata facile, ci pare di poter rintracciare insieme degli elementi che ci permettono di fare delle considerazioni complessive che ruotano intorno ad alcuni punti focali ricorrenti, ad alcuni fili rossi sempre affioranti caratteristici di questa professione: *la relazione, la comunicazione ed il rapporto con i colleghi ed i ragazzi*. Altri aspetti che abbiamo considerato sono stati: *la differenza tra generazioni, la differenza di genere, le difficoltà emerse negli ultimi anni o legate ai cambiamenti della struttura scolastica e della società*.

1. L'insegnamento come relazione

La prima riflessione riguarda **l'attività dell'insegnare** che, per la maggior parte dei docenti intervistati, appare come **un'esperienza totalizzante** che impegna al di là del puro orario di lavoro e che, a volte, costituisce l'interesse primario nella vita, tanto da far ruotare intorno ad essa tutte le altre attività e spesso anche le amicizie. Le parole che abbiamo raccolto ci danno l'immagine di persone che vivono la professione sentendosi protagonisti. Infatti moltissimi insegnanti, riflettendo sia sulle origini che sull'oggi, esplicitano la consapevolezza del loro ruolo di educatori, di guida, di aiuto nella crescita sia umana che culturale e ciò spesso li aiuta a sopportare la burocrazia, la mancanza di strutture e perfino le proprie disillusioni.

L'essere protagonisti può assumere valenze diverse, connotazioni a volte positive, a volte negative, per docenti che hanno una forte consapevolezza del ruolo primario che sono comunque chiamati a svolgere nel momento in cui, iniziando ad insegnare, sono entrati in relazione con gli alunni e con i colleghi.

In particolare **la relazione con gli studenti** appare gratificante in quanto l'insegnante ha il più delle volte la sensazione di realizzare, attraverso la parola, il dialogo, la lettura, un progetto di formazione di cui è convinto e che gli fa pensare di produrre e di essere utile. Se a questo si aggiunge un positivo rapporto di collaborazione, di scambio, di formazione con i colleghi sembra che le difficoltà del lavoro non pesino più di tanto.

Anche negli insegnanti in cui si riscontra quasi un rifiuto della realtà esterna, ci sembra di poter dire che perduri il sogno di una scuola intesa come unico e vero luogo preposto alla cultura e all' educazione nel senso più ampio del termine, contrapposto alla sottocultura dell'ambiente esterno.

Questo primato «educativo», che si esplicita in un rapporto con i ragazzi visto come momento altamente motivante rispetto a tutte le difficoltà e le pecche dell'istituzione, è anche quello che è messo maggiormente in risalto da molti insegnanti che vi trovano la più grande gratificazione e la spinta a continuare un lavoro che, sotto altri punti di vista, è avvertito sempre più frustrante.

In conclusione, emerge che l'aspetto veramente importante di questa professione è legato alla possibilità di **instaurare una relazione, una comunicazione soddisfacente.**

2. Generazioni di insegnanti

Pur non potendo fare una suddivisione numerica precisa, possiamo dire che riguardo agli anni d'insegnamento, la maggior parte del nostro campione è costituito da persone che hanno cominciato ad insegnare da più di venti anni e pochi sono quelli che sono entrati nella scuola negli ultimi dieci. Questo ci ha permesso di fare una riflessione sulla diversità di approccio alla scuola delle diverse generazioni, che si sono formate in contesti politici e culturali differenti.

Non abbiamo voluto catalogare in modo determinante le persone in base alla generazione di appartenenza, né semplificare e appiattire le esperienze dei singoli, ma esplicitamente sottolinare i **contesti di formazione** e porli in relazione con i diversi modi di vivere o di intendere la realtà del mondo della scuola.

Abbiamo quindi individuato tre fasce di «generazioni»: coloro che hanno iniziato a lavorare nei primi anni '70, dopo aver vissuto (o quantomeno attraversato) l'esperienza del '68; coloro che hanno iniziato a lavorare intorno agli anni '80, dopo aver vissuto o essere entrati in contatto con il movimento del '77; coloro che sono faticosamente entrati nella scuola solo negli ultimi dieci anni.

In linea generale, notiamo che molti tra gli insegnanti che appartengono alla **generazione del '68** hanno iniziato spesso su una spinta ideologica, politica o pedagogica forte. Sicuramente sentita era infatti in quegli anni l'idea che *cambiare la scuola* voleva dire anche cambiare la società, che la formazione delle giovani generazioni era un passo determinante nel modificare quei rapporti di potere che, anche a livello più generale, venivano contestati. Si pensava che una scuola diversa, rinnovata nei contenuti e nei metodi, avrebbe formato «uomini diversi».

Chi lavorava in quegli anni credeva che l'impegno personale, il rapporto con la società, il rinnovamento culturale avrebbero portato ad una scuola nuova e questa necessariamente ad una società migliore. Ciò che quei giovani insegnanti cercavano era il gruppo, lo scambio, lo studio, l'impegno (spesso totale). Ci sono racconti di disponibilità piena di tempo per svolgere attività didattiche o anche ludiche con gli studenti (i pomeriggi, le domeniche mattina), di intensa ricerca e sperimentazione di metodi «attivi» (il lavoro di gruppo, il teatro, l' indagine) o di rapporti con la realtà esterna (il mondo del lavoro, soprattutto). Ricorrono racconti di dibattiti e discussioni infuocate con i colleghi, di battaglie all'interno dei collegi o nei confronti di presidi «reazionari».

Testimonianza di questo clima sono i libri di scrittori come Gianni Rodari, Mario Lodi, Don Lorenzo Milani, Noam Chomsky che non a caso vengono spesso citati dagli insegnanti come letture formative di grande importanza; questi, peraltro, sono gli unici autori che vengono ricordati dagli intervistati; e forse non è un caso. Ci pare infatti che le istanze di cambiamento di questi insegnanti contenessero anche un' idea di *insegnamento come missione*.

Poi, anche se con il tempo in alcuni di loro è subentrata una certa stanchezza o delusione, non essendo andato il cambiamento della società nella direzione attesa, essi hanno continuato ad acquisire professionalità, dimostrando di avere tratto lezione dall'esperienza: si sono dotati negli anni degli strumenti necessari per far fronte alle delusioni, ai cambiamenti.

Spesso in molti di questi insegnanti sopravvive, ed è forte, quello che abbiamo definito *poetica dell'esperienza*, cioè un insieme di ricordi ricolmi di carica emotiva e affettiva, ricchi di particolari quasi epici delle prime esperienze di insegnamento, dove anche i momenti più difficili, le situazioni più faticose, gli incontri più conflittuali hanno assunto, col tempo, una connotazione mitica.

E anche in coloro che non manifestano tale connotazione è comunque molto presente, spesso predominante, la *lezione dell'esperienza* che nasce dalla consapevolezza dei problemi e dalla capacità di gestire lo scontro con le difficoltà. Questo li ha aiutati a crescere professionalmente, ed ha reso più esplicito ed evidente il *governo dell'esperienza*, cioè la consapevolezza del metodo utilizzato per affrontare e superare i momenti critici.

Chi invece appartiene alla generazione di insegnanti che si è formata nel clima culturale e politico influenzato dal «**movimento del '77**», quando la dimensione del «personale» era dominante, ha affrontato la professione con un forte coinvolgimento emotivo. Si è quindi messo in gioco con generosità, aprendosi senza mediazioni soprattutto nel rapporto con gli allievi. Questo coinvolgimento è diventato il punto centrale di tutta l'attività didattica, origine di grosse gratificazioni fino a quando ha trovato risposte, ma inevitabilmente fonte di cocenti delusioni, quando queste sono mancate o sono risultate impreviste.

È contemporaneamente venuto a mancare un riferimento più generale a qualsiasi ideale politico o pedagogico, il che ha reso molti di questi insegnanti più isolati e con minori possibilità (o capacità) di confronto e di interazione con i colleghi. Perciò ogni fallimento nell'azione educativa è stato vissuto come fallimento personale.

Ci è sembrato quindi che molti di loro non siano stati capaci di imparare dall'esperienza, in quanto la delusione non è stata analizzata con il giusto distacco, in termini generali, e non ha favorito il formarsi di un atteggiamento di sana autocritica, ma è stata vissuta come una sconfitta personale.

Da tutto ciò è nato, come abbiamo frequentemente riscontrato, un ripiegamento su se stessi, oppure un predominio dell'interesse verso la famiglia o altre attività estranee alla scuola.

Anche i docenti della **nuova generazione** dimostrano di non possedere una preparazione finalizzata alla professione, nonostante negli ultimi anni si sia parlato più spesso di corsi di formazione istituzionalizzati relativi alla didattica e alla pedagogia o di tutor. Ci aspettavamo di trovare professionisti più attrezzati dei loro colleghi delle generazioni precedenti, almeno nell'affrontare l'aspetto tecnico dell'insegnamento, in quanto meglio preparati alla gestione del lavoro.

Nei loro racconti invece ci comunicano un forte desiderio di imparare a insegnare, di possedere strumenti di lavoro efficaci, di saper gestire in modo non spontaneo le relazioni interpersonali. Ci sembra quindi di poter affermare che le agenzie di formazione non abbiano ancora trovato il modo di rispondere adeguatamente e capillarmente alle esigenze e alle aspettative di giovani, desiderosi di migliorare la loro professionalità, e che non hanno ancora trovato un referente sicuro nelle istituzioni.

Essi sono per di più persone che si trovano ad operare in una realtà di profondo e veloce cambiamento tra il «rassicurante» modello di scuola tradizionale italiana e il più moderno modello anglosassone, che mira alla quantificazione e al raggiungimento di livelli standard di apprendimento.

Appare evidente che anche per questi giovani insegnanti è fondamentale la relazione con gli studenti, con i quali dicono per lo più di non avere rapporti conflittuali: d' altra parte il breve divario generazionale in questi casi sicuramente aiuta.

Non sembra invece avere rilievo tra questi docenti la spinta ideale o ideologica, per lo meno non ne parlano; è però vero che non rientra nelle loro aspettative quello che nelle precedenti generazioni ha avuto forte rilevanza, cioè che il cambiamento della società passi attraverso la scuola.

3. Generazioni di studenti

Se gli insegnanti restano (più o meno a lungo), gli studenti passano e il loro passaggio all'interno della scuola non è privo di cambiamenti nel tempo per quanto riguarda la reciproca relazione .

Al di là di una certa tendenza all' edulcorazione insita nel ricordo, che fa parte del mito delle origini, e in virtù della quale i «mitici» alunni dei primi anni erano sempre così volonterosi di apprendere, disponibili ed entusiasti, quello che comunque oggi emerge è una crescente difficoltà di comunicazione, di rapporto con le nuove generazioni che appaiono assai meno motivate ad imparare.

A questo proposito, non possiamo dimenticare che spesso le esperienze degli insegnanti con più anni di lavoro sono legate ad un mondo di montagna, un mondo contadino, dove la posizione del docente era più chiara, il suo ruolo più definito e, di conseguenza, più gratificante.

La difficoltà di rapporto con gli studenti non esiste solo per gli insegnanti più anziani, quelli che in qualche modo potremmo pensare abbiano ormai consumato nel tempo la loro carica e la loro voglia di confrontarsi con gli studenti che rappresentano il cambiamento, ma anche nei giovani insegnanti troviamo segni di insofferenza verso gli alunni, per quanto riguarda gli aspetti definiti più superficiali o addirittura infantili del loro comportamento.

Difficile è dare una spiegazione di questo fatto che potrebbe essere letto in differenti modi. C'è da una parte una crescente divergenza tra le richieste della scuola (che sono sostanzialmente rimaste le stesse) e gli interessi dei giovani, tra il modello di allievo ideale e quello che gli allievi reali sono. Anche gli insegnanti con minore anzianità sembrano legati ai modelli del passato e non sempre hanno la capacità o la possibilità di impostare dei rapporti su basi e modalità differenti.

Indubbiamente anche il modo stesso di considerare l'istituzione scolastica da parte della società è cambiato; il valore che nel passato le famiglie attribuivano alla scuola come fonte non solo di educazione ed istruzione, ma anche come mezzo di ascesa, di elevazione sociale, non è più lo stesso. Spesso si pensa che il vero luogo in cui si impara, in cui soprattutto si imparano cose utili, non sia più la scuola. Essa è per molti giovani essenzialmente luogo di socializzazione; molti studenti oggi vanno a scuola perché ci si deve andare, perché lì si fanno amicizie, perché i genitori ci tengono, ma la voglia, il piacere di imparare si è in parte perso, soprattutto con il procedere degli studi.

Su questo incide anche una certa mancanza di progettualità nelle giovani generazioni che non vedono più legata alla scuola la loro futura immmissione nel mondo del lavoro; l'incertezza nel futuro, nelle possibilità di trovare un lavoro legato a quello che la scuola ha insegnato è sempre più forte.

In particolare negli Istituti Tecnici e Professionali è avvertito in modo consistente il problema della difficoltà a coinvolgere, a *far lavorare* gli allievi delle ultime generazioni che, come dice qualcuno, vogliono andare bene, avere buoni voti, ma non vogliono impegnarsi più di tanto. È proprio partendo da quest' ottica che gli alunni del passato vengono ricordati come meno problematici, più aperti e *semplici da trattare.*

Il fatto che questa problematica si ritrovi soprattutto nelle scuole tecniche dovrebbe fare riflettere sulle modalità di scelta della scuola superiore e sul tipo di studente che vi si iscrive. Ponendoci poi in una prospettiva futura, possiamo chiederci se e come la prevista riforma dei cicli verrà ad incidere sul modo in cui queste nuove generazioni si rapporteranno con l'istituzione scuola e su quali saranno (o dovranno essere) le reciproche aspettative.

4. I colleghi: alle origini, oggi

I colleghi incontrati nei primi anni sono nel ricordo figure importanti. Si era giovani insieme e questo significava intrecciare relazioni di amicizia che consentivano di affrontare e di superare gli aspetti più negativi del lavoro con una certa leggerezza. I viaggi quotidiani, anche lunghi, per raggiungere la sede scolastica, i pranzi fuori casa, le ore vuote, l'inesperienza didattica, il rapporto, non sempre facile con presidi e colleghi anziani meno disponibili e spesso giudici distaccati, venivano superati in virtù della condivisione di esperienze e progetti,

Dai racconti autobiografici sembra di poter osservare che chi ha iniziato ad insegnare tra la fine degli anni '60 e i primi anni '70 si trovò in una situazione favorevole perché erano in tanti a cominciare insieme un percorso che vedeva nel comune lavoro di ricerca e di confronto sulle metodologie e sulle tecniche didattiche una risorsa per superare la mancanza di preparazione specifica da parte dell'università.

Al contrario, negli anni a noi più vicini la graduale saturazione dei posti disponibili sembra aver reso l'inizio della professione più individuale e incerto nonchè povero di idealità condivise. Il senso di isolamento e di solitudine ricordato dai docenti con meno anni di insegnamento alle spalle testimonia un ingresso nel mondo della scuola vissuto senza passione collettiva e connotato ancora una volta positivamente soltanto dal rapporto con i ragazzi.

La percezione di essere entrati in un ambiente chiuso, se non ostile ai rapporti interpersonali, soltanto in alcuni è compensata da ricordi più piacevoli, legati a qualche soddisfazione professionale, e spesso collegati all'aver incontrato colleghi «affini» coi quali si è potuto collaborare.

Procedendo nell'analisi delle interviste si avverte come i colleghi, con il passare del tempo, diventino punti di riferimento diversi rispetto a quelli delle origini: a volte continua un rapporto di collaborazione nel lavoro facilitato dalle relazioni amicali, in altri casi, anche se ci si è separati, rimane però vivo il ricordo dell'esperienza comune.

Si sente comunque meno il bisogno di aiuto rispetto alla situazione delle origini; infatti abbiamo constatato che la maggior parte degli intervistati, soprattutto quelli che insegnano in città, con diversi anni di servizio, ritiene di avere sufficienti esperienze e competenze per lavorare in autonomia. Probabilmente questi insegnanti pensano di essere in grado di gestire i problemi, ed anche le disillusioni, senza avvertire quel bisogno di conforto, di sostegno, di collaborazione, di confronto che agli inizi era quasi indispensabile.

C'è poi, a volte, soprattutto nella scuola superiore, il senso di individualismo e di malintesa «libertà didattica» che porta alcuni ad isolarsi e a curare il proprio ambito di lavoro senza più interesse o voglia di confronto.

Infatti, l'abitudine al lavoro e alla progettazione comune, che è resa istituzionale nella scuola media (per lo meno nella maggior parte dei casi) è invece affidata alla disponibilità personale nella scuola superiore, e ciò non favorisce di sicuro la collaborazione.

5. Uomini e donne

La nostra ricerca non è di tipo sociologico, ma quando si affronta un tema di carattere generale come la differenza di genere, è opportuno avere a disposizione un campione numericamente significativo. Pur essendo la maggioranza degli intervistati donne (il che rispecchia, come è ben noto, la situazione reale della scuola italiana), il numero di insegnanti uomini è decisamente significativo, come risulta dai dati numerici allegati.

La prima considerazione che ci sembra di dover sottolineare è una sostanziale affinità nella percezione del proprio lavoro. Le tematiche didattiche e relazionali affrontate, le aspettative, le perplessità e i dubbi nell'agire quotidiano sono di fatto gli stessi, sia per le donne che per gli uomini.

Ciò che invece li differenzia è quello che possiamo chiamare un atteggiamento di fondo nei confronti del lavoro, una diversa «filosofia di vita».

I docenti uomini fanno in genere maggiori riferimenti a problemi di carattere sociale o politico, inseriscono la loro esperienza in un quadro generale e ne ricercano elementi di razionalizzazione. Ad esempio, alcuni di loro citano tra gli «aiuti» proprio l'aver frequentato ambienti e lavori diversi, come differenti ordini e tipi di scuola, la fabbrica, il lavoro politico e sindacale.

Per le docenti donne questi stessi «cambiamenti» spesso ritornano invece come problemi. E per esse l'aiuto ad affrontare le eventuali difficoltà e i momenti critici, è stato invece determinato prevalentemente dal rapporto positivo con i colleghi o dalla possibilità di trovare sostegno in famiglia.

D'altra parte, l'esperienza personale e l'importanza primaria data alla relazione è ciò che caratterizza il comportamento professionale delle insegnanti rispetto ai loro colleghi uomini, che riconferma quanto per le insegnanti conti soprattutto, per il proprio benessere, l'instaurarsi di una correlazione positiva tra privato e lavoro pubblico.

In sintesi, ci sembra di poter affermare che la diversità consiste nel punto di vista dal quale viene affrontato il lavoro: nel caso delle donne la generalizzazione, quando c'è, nasce dalla riflessione sull'esperienza personale e concreta; nel caso degli uomini la riflessione di carattere generale, sempre che ci sia, è un punto di riferimento iniziale.

6. La struttura: esperienze diverse

L'inizio della carriera non segue regole fisse e se alcuni docenti hanno iniziato subito in classi simili a quelle in cui avrebbero poi continuato ad insegnare, altri invece hanno cominciato con esperienze particolari.

Coloro che hanno lavorato in **scuole private conservano ricordi negativi** della particolare situazione di costrizione salariale, didattica ed educativa in cui erano tenuti. È rimasta nella loro memoria la presenza di direttori autoritari e sgradevoli e di allievi arroganti, non motivati, che «pretendevano» la promozione senza volersi in alcun modo impegnare. Essi sentivano che la loro funzione docente sopportava degradazioni e compromessi.

Coloro che invece hanno iniziato in **scuole serali nei corsi delle 150 ore**, a metà degli anni '70, **ricordano con piacere gli allievi adulti** (a volte più anziani di loro stessi), molto motivati e desiderosi di apprendere pur se gravati dalla fatica di una giornata di lavoro e dalla scarsa abitudine a usare strumenti culturali. La comunicazione, la relazione con loro era ricca sul piano umano, stimolante e gratificante sul piano professionale.

Ma, in generale, i percorsi sono stati misti e caratterizzati da frequenti cambi di sede, dovuti ad una organizzazione che spesso sovrastava e opprimeva per la sua burocrazia e casualità. In tal modo veniva a mancare la continuità didattica con le classi, la continuità nella collaborazione con i colleghi e la possibilità di verificare l'efficacia del proprio lavoro: tutto ciò generava non poche difficoltà e tensioni. Si alimentava così un senso di precarietà e frustrazione che finiva per ripercuotersi sulla qualità dell'insegnamento e sulla motivazione.

E quando è prevalsa la sensazione di sentirsi pedine di un gioco le cui regole non erano controllabili, molti insegnanti hanno attraversato momenti di sconforto e crisi non facilmente superabili.

CONCLUSIONE

Autonomia scolastica e approccio autobiografico

Le autointerviste e le storie di vita professionale che abbiamo analizzato sono state raccolte nell'arco del 1998 quando, anche se già si parlava di autonomia, essa non era così sentita come presente e «pressante» dai docenti; infatti non è un caso che quasi nessun insegnante la nomini, né come evento da temere, né come soluzione ai problemi della scuola.

Come è noto, dal 1° settembre 2000 essa è diventata operante e sta generando nella scuola molti cambiamenti che vanno nella direzione di rispondere a quelle istanze di flessibilità e di coordinamento delle risorse e delle strutture che già molti insegnanti da noi ascoltati avevano messo in risalto.

Infatti una caratteristica del sistema scolastico fortemente criticata dai docenti della nostra ricerca è la rigidità degli aspetti organizzativi; all'interno di una scuola in cui l'autonomia venga effettivamente realizzata, la flessibilità è un criterio cardine e riguarda programmi, orari, composizione e scomposizione delle classi, percorsi individualizzati, tutti elementi segnalati come auspicabili di cambiamento.

Inoltre, per la costruzione e la gestione di percorsi formativi, oggi più che mai è importante una didattica nuova, non più basata sulla trasmissione ripetitiva di saperi consolidati, ma impostata sulla possibilità e sulla capacità di mediare i saperi e di filtrare sul piano razionale ed emotivo l'esperienza quotidiana. Anche dai colloqui della nostra ricerca emerge la voglia di sperimentare nuove metodologie, di seguire nuovi stimoli e nuove strade. Il percorso didattico tracciato dalla scuola dell'autonomia, secondo un modello modulare, sembra rispondere a queste esigenze;

esso infatti, in quanto pluridisciplinare, centrato sulla scansione di tempi e modi, basato sulla acquisizione verificabile di competenze, si pone al servizio della centralità dello studente.

I bisogni, le aspettative e l'evoluzione dell'allievo sono un altro concetto chiave della riforma che assegna di conseguenza al docente un ruolo di mediatore e di facilitatore dell'apprendimento che passa anzitutto attraverso una corretta relazione. E, come abbiamo più volte sottolineato, è proprio la relazione l'elemento fondamentale della professione di insegnante, quello che la caratterizza e sul quale si gioca la *passione di formare*; questo concetto è stato ampiamente esplicitato nelle storie raccolte che sottolineano come una buona relazione con gli studenti sia fonte e alimentazione della passione per l'insegnamento. Oggi, la normativa dell'autonomia può essere risorsa e stimolo per mettere in gioco l'intelligenza e l'emozione nel processo di insegnamento/apprendimento.

Sugli insegnanti ci sono molti luoghi comuni: tutti si sentono in diritto di giudicarli, di etichettarli e non godono di una rilevante considerazione a livello sociale. E come tutti sono pronti a gettare su di loro le colpe di ogni fallimento della società, così si pretende da loro che siano in grado di risolvere tutti i problemi che riguardano la formazione delle nuove generazioni, caricandoli di continue responsabilità.

Noi non vogliamo difendere la categoria. Sappiamo bene (e questo emerge con evidenza anche dalle storie professionali che abbiamo raccolto) che dentro le scuole, tra le diverse generazioni di insegnanti, ci sono persone che affrontano la professione con serietà e impegno, con passione e dedizione, con atteggiamento di ricerca e voglia di sperimentazione. Così come ci sono persone che non "scelgono" la professione, preferiscono gettare la colpa degli insuccessi su tutto ciò che è fuori di loro (la società, la scuola, i genitori, gli studenti), assumono l'atteggiamento del *lamento continuo* e non si rinnovano. Inoltre sappiamo che gli insegnanti, normalmente, *non si raccontano, non sono abituati a descrivere come lavorano, ad esplicitare il modo in cui affrontano le difficoltà.*

Una cosa però è certa: non si può pensare di realizzare una qualunque riforma della scuola, anche la più illuminata, la più adeguata ai tempi, la più accorta, se questa non passa attraverso il coinvolgimento degli insegnanti, non li chiama in causa come diretti protagonisti, non ascolta la loro voce, non valorizza la loro esperienza professionale, non è capace di dare risposta ai loro problemi.

È proprio per questo che crediamo che l'approccio autobiografico che è stato seguito nella ricerca si possa proporre come *metodo di lavoro e di autoaggiornamento* per imparare da sé e dagli altri attraverso il racconto del proprio vissuto, perché mette i docenti nella condizione di ripensarsi in modo critico, di ricavare da questa riflessione una lezione di consapevolezza, di raccontare ai colleghi, vecchi e nuovi, le loro esperienze positive e negative. Esso consente pertanto agli insegnanti di *ragionare sul senso*, sui perché e sui come della loro professione, nella responsabilità della propria formazione e diventando anche consapevoli di quanto i cambiamenti esterni influiscano su se stessi e sulla percezione del proprio ruolo.

Crediamo che la nuova scuola dell'autonomia abbia tutto da guadagnare dalla presenza di docenti così formati.

Infine i colloqui autobiografici analizzati hanno evidenziato situazioni di isolamento «subito» e di isolamento «scelto»; la nuova organizzazione può rompere il circolo vizioso di insicurezza-ansia-individualismo poiché, non eliminando l'individualità del docente nel momento della gestione d'aula, lo attrezza inserendolo in un progetto complessivo studiato insieme ai colleghi e pensato per rispondere a precise istanze. Le scuole che oggi stanno cominciando a lavorare per progetti richiedono ai docenti una grossa capacità di collaborazione per valorizzare i diversi talenti e per utilizzare al meglio le risorse umane presenti. È quindi necessaria la formazione di contesti di dialogo e di scambio sui temi della didattica, della conoscenza, del rapporto educativo e formativo. Tali contesti dovrebbero togliere l'insegnante dal suo isolamento individualistico e frustrante e facilitare l'accoglienza e l'inserimento dei nuovi giovani insegnanti che entrano nella scuola. Ci sentiamo di dire, sia per l'esperienza fatta, sia per quanto abbiamo potuto ricavare dalle voci ascoltate, che l'approccio autobiografico, proprio perché invita gli insegnanti a parlare apertamente tra di loro di difficoltà reali, di esperienze concrete, a esplicitare a se stessi e ai colleghi gli stili personali di lavoro, ad ascoltarsi scambievolmente, a confrontarsi nel merito dei successi e dei fallimenti, a mettere in conto le loro emozioni e i loro sentimenti, sia di grande aiuto nella creazione di un clima più sereno e vivibile all'interno della scuola, così da rendere la scuola stessa un luogo in cui, per insegnanti e studenti, *valga la pena crescere insieme*.

In conclusione vale ancora nella scuola dell'autonomia quello che scrive il prof. Demetrio :«Le professioni educative, così sottoposte a stress, a duri tirocini emotivi e a momenti di difficoltà, ma anche attraversate ancora da tanta passione per la 'missione' pedagogica che le anima, hanno bisogno di trovare nella valorizzazione della memoria, della quotidianità, dei vissuti emotivi e cognitivi un loro spazio per raccontarsi e lasciare traccia di sé per gli altri».

Allegato 1

DATI NUMERICI SUL CAMPIONE DI INSEGNANTI INTERVISTATI

Questionari (autointerviste): totale 140

Femmine 104 Maschi 36

Tipo di scuola:

Scuola Media Inferiore	55
Scuola Media Superiore	48
Senza indicazione	37

Anni di insegnamento:

da 0 a 10	18
da 11 a 24	72
oltre i 24	45
senza indicazione	5

Interviste registrate: totale 25

Femmine 17 Maschi 8

Tipo di scuola:

Scuola Media Inferiore	13
Scuola Media Superiore	12

Anni di insegnamento:

da 0 a 10	2
da 11 a 24	11
oltre i 24	12

Allegato 2
DATI RICAVATI DALLA LETTURA TRASVERSALE DELLE STORIE PROFESSIONALI

LE ORIGINI

1. *Elenca tutto ciò che ricordi del tuo primo anno di insegnamento (emozioni, volti, situazioni, odori, immagini, parole, ecc.)*

Problemi pratici:	**(26)**
• fatica del viaggio	13
• lontananza da casa	5
• ambiente sociale difficile	7
• orario scomodo	1

Problemi legati alla professione:	**(52)**
• ambiente scolastico vecchio e autoritario	18
• inesperienza di tipo didattico	15
• scarsa considerazione da parte dei colleghi(anziani)	11
• difficoltà a mantenere la disciplina	8

Sentimenti / Atteggiamenti

Positivi

- *sensazioni personali*: emozione, felicità, entusiasmo, curiosità, coraggio, senso di libertà, entusiasmo di cominciare a lavorare 60
- *sensazioni legate al lavoro*: stupore di essere in cattedra, senso di responsabilità, piaceredi insegnarevoglia di fare, di dare, di imparare, soddisfazione e fiducia di farcela, voglia di provocare, di sperimentare 44
- *sensazioni legate alla relazione*: soddisfazione per la buona accoglienza di colleghi e allievi (e qualchepreside), immedesimazione, complicità con gli studenti, vivere

momenti lucidi con colleghi ed allievi, possibilità di dialogare con persone diverse e di conoscere persone nuove 50

Negativi

- paura di non essere all'altezza 34
- timidezza, insicurezza, incertezza, imbarazzo 26
- paura, panico, tensione 18
- solitudine e disagio 17
- difficoltà di comunicazione con gli alunni 6
- difficoltà a valutare 2
- fatica 2
- paura di essere giudicato, di dire cose scontate 1

2. *Ricordando le tue emozioni di insegnante alle prime armi che cosa ti apparve subito appassionante e che cosa deprimente e scoraggiante?*

Appassionante

- *sensazioni legate alla relazione*: rapporto con gli allievi, complicità con studenti quasi coetanei, stabilire un nuovo tipo di comunicazione con gli allievi, dare il gusto di lottare per ottenere qualcosa, trasmettere una coscienza critica ed un impegno civile, per cambiare la scuola e la società[8] 119
- *sensazioni legate al lavoro*:insegnare la materia, trasferire cultura, essere insegnante, stare in cattedra, costruire qualcosa, confrontare teoria e didattica, trovare nuovi modi e strategie, acquisire una professionalità 71

[8] «il rapporto con i ragazzi per un insegnante è il sugo della vita», destare interesse, capire il comportamento egli adolescenti, ottenere i risultati sperati, riuscire a farsi capire, vedere che gli alunni erano «felici di aver capito», vedere gli occhi degli alunni brillare per aver capito, mettersi dalla loro parte, «trovarsi di fronte persone adulte con tanto desiderio di imparare e bisognose del mio aiuto», empatia docente – discente, «tirare fuori ciò che nei giovanissimi era potenziale», costruire assieme dei risultati, amore per i bambini, «tiravo fuori parti belle di me che non sapevo di avere», «volevo costruire una relazione»...

- *sensazioni di realizzazione personale*: ricevere uno stipendio, sentirsi importante, essere capace di gestirsi, ristudiare, sfidare se stessi 24
- rapporto con alcuni colleghi (solidarietà, amicizia) 18
- tutto 5
- niente 5
- non molto 2

Scoraggiante e deprimente

- *sensazioni personali*: inadeguatezza e insuccesso, inesperienza didattica, scarsa considerazione di se stessi e della materia 65
- *sensazioni legate al lavoro*: la burocrazia, la carenza delle strutture e la disorganizzazione, gli adempimenti professionali (registro, programmazione, correzione, valutazione) 56
- *sensazioni legate alla relazione*: i colleghi (poco disponibili al confronto), alcuni presidi,i collegi docenti 55
- *sensazioni legate al ruolo*: scarsa considerazione del ruolo e stipendio inadeguato, precarietà, scontro con la realtà, qualifica 9
- rapporto con i genitori ed ambiente esterno 6
- il viaggio 3
- niente 12

3. *Come hai affrontato i momenti più difficili?*

- da solo/a[9] 87
- non ne ho avuti 17
- cercando il confronto con i colleghi 16
- con i ragazzi stessi 11
- cercando il confronto con altri(fuori dalla scuola) 6

[9] Rimboccandomi le maniche, studiando, con l'autocritica, adottando nuove strategie, pensando che erano inevitabili, col mio entusiasmo, trovando in me stessa la voglia di continuare, rimettendomi sempre in discussione nei confronti dei ragazzi e della materia, combattendo, con grinta, stringendo i denti, con caparbietà, cambiando il mio modo di pormi, lavorando di più, «cerco qualcosa che li spiazzi», «mi sono sentita isolata e frustrata, nella mia voglia di fare, spesso incoraggiata a lasciar perdere le idee innovative e a riproporre la routine»...

4. ***Ti ha aiutato qualcuno dentro o fuori la scuola? Chi? In che modo?***

• nessuno	30

Dentro la scuola

• i colleghi	93
• presidi e direttori didattici	19
• alunni	17
• modelli di vecchi insegnanti	2
• le strutture della scuola	1

Fuori dalla scuola

• la famiglia	26
• corsi, associazioni, MCE, CDE	7
• libri	3
• università	3
• la considerazione che la scuola non è la cosa più importante della vita	1
• altri (esterni alla scuola)	12

OGGI

1. ***Che cosa ti resta della passione delle origini?***

• nulla o poco	25
• la stessa (o molto)	28
• più matura ed equilibrata	19

È diventata:

• capacità di stabilire rapporti positivi con i ragazzi	57
• soddisfazione di trasmettere strumenti culturali	18
• sperimentazione di nuovi metodi o stimoli	17
• piacere ed entusiasmo	11
• maggiore professionalità	8
• lavoro con i colleghi	6
• amore per la materia	5

- gusto di imparare cose nuove 4
- responsabilità ed impegno a rispondere alle attese 3
- voglia di migliorare la scuola 2
- interesse per le problematiche dell'adolescenza 2

Si segnalano difficoltà nella comunicazione con le nuove generazioni, anche sul piano educativo (12); viene inoltre sottolineata la maggiore fatica rispetto ai risultati (6).

Demotivante risulta anche l'aspetto economico.

3. *Quali altre passioni sono nate in te in questi anni?*

- nessuna 35

Dentro la scuola:

- metodologia e sperimentazione didattica, meccanismi dell'apprendimento 23
- professionalità, per la propria materia 7
- nuovi argomenti 7
- informatica 7
- psicologia dell'adolescente 6
- confronto con altre realtà educative, organizzazione scolastica 6
- relazione insegnante/allievo 5
- alunni H 3

Fuori dalla scuola:

- aumentare le conoscenze culturali 12
- viaggiare 8
- la famiglia 6
- lavori manuali creativi 5
- occuparsi di se stessi 4
- varie 13

4. *Chi ti aiuta?*

- nessuno 56

Dentro la scuola:

• i colleghi	41
• gli alunni	16
• il preside	3
• segretari e bidelli	1

Fuori dalla scuola:

• la famiglia	16
• corsi, associazioni, CDE, ecc.	15
• la lettura	3
• l'Università	2
• altri (vari)	14

5. ***Elenca tre cose che nella scuola elimineresti per renderla per te e per i ragazzi un luogo in cui valga la pena di crescere insieme.***

• **rigidità del sistema scolastico nei suoi aspetti organizzativi** (programmi, orari, numero di alunni per classe, divisione delle classi, materie, aspetti della didattica)	103
• **ruolo della dirigenza**	17
• **burocrazia** (e carte inutili)	70
• **valutazione**	(59)
• buonismo	15
• il voto	15
• la valutazione finale (terza media)	5
• competitività	5
• interrogazioni orali individuali	6
• libera iscrizione alle superiori	4
• corsi di recupero	3
• debiti formativi	2
• valore legale dei diplomi	1
• sportello didattico	1
• esami di qualifica	1
• discriminazione	1

• **strutture e finanziamenti**:	(15)
• strutture (fatiscenti...)	12
• finanziamenti (povertà, disattenzione)	3
• **scarsa considerazione per il ruolo dell'insegnante e per la scuola**	4
• **retribuzione e carriera**:	(19)
• carriera (eliminare il garantismo, ma anche facilitare la progressione automatica)	11
• stipendio	8
• **atteggiamenti** (degli insegnanti):	(55)
• non motivati	20
• poco preparati	14
• poco flessibili, ottusi, ripetitivi	6
• dalla mentalità individualista	4
• che non rispettano gli alunni	4
• che non sanno comunicare	3
• con doppio lavoro	1
• **altri:**	**(19)**
• genitori invadenti e colloqui con le famiglie	6
• attività extra proposte o imposte	4
• influenza negativa della realtà esterna	3
• bidelli sfaticati	2
• mancanza di rispetto da parte degli alunni	2
• responsabilità civile e penale per l'insegnante	
• governo dei sindacati	1

Allegato 3

TRACCIA UTILIZZATA NELLE INTERVISTE E NELLE AUTOINTERVISTE

La passione di formare

LE ORIGINI

1. Elenca tutto ciò che ricordi del tuo primo anni di insegnamento (emozioni, volti, situazioni, odori, immagini, parole, ecc.)
2. Ricordando le tue emozioni di insegnante alle prime armi che cosa ti apparve subito appassionante e che cosa deprimente e scoraggiante?
3. Come hai affrontato i momenti più difficoli?
4. Ti ha aiutato qualcuno dentro o fuori la scuola? Chi? In che modo?

OGGI

1. Che cosa ti resta della passione delle origini?
2. Quali altre passioni sono nate in te in questi anni?
3. Chi ti aiuta?
4. Elenca tre cose che nella scuola elimineresti per renderla per te e per i ragazzi un luogo in cui valga la pena di crescere insieme.

BIBLIOGRAFIA

Questo è un lavoro di ricerca sul campo, non ci risulta che sullo stesso argomento (le storie professionali degli insegnanti) siano stati condotti studi con la stessa metodologia. Abbiamo tenuto conto, in relazione all'impostazione metodologica, di due brevi ricerche, coordinate dal professor Demetrio e realizzate nel corso di seminari di formazione:

Una foto di gruppo, elaborazione di Monica Napoli. Laboratorio di educabilità cognitiva, Istituto «Paleocapa» di Bergamo, 1997-98;

La passione di formare, a cura di Antonella Bolzoni e Monica Napoli, Proteo, Arezzo, 1997.

Per quanto riguarda i riferimenti teorici al metodo autobiografico, abbiamo fatto riferimento ad alcuni testi fondamentali:

AA. VV., *L'educatore auto(bio)grafo,* Unicopli, Milano 1999

D. Demetrio, *Per una didattica dell'intelligenza,* Franco Angeli, Milano,1995

D. Demetrio, *Raccontarsi. L'autobiografia come cura di sé,* Raffaello Cortina editore, Milano, 1996

D. Demetrio, *Il gioco della vita. Kit autobiografico,* Guerini e associati , Milano ,1997

D. Demetrio, *Pedagogia della memoria,* Meltemi, Roma 1998

D. Demetrio, *L'educazione interiore,* La Nuova Italia, Firenze, 2000

L. Formenti - I. Gamelli, *Quella volta che ho imparato,* Raffaello Cortina Editore, Milano, 1998